최정성 목사의 세상 엿보기

매력 있는 사람

나됨

白

매력있는 사람

최정성 목사

_____ 님께

_____ 드립니다.

책 머리에

최정성 목사

예수님께서 이 땅에 오셔서 활동하신 3중 사역은 '회당에서 가르치시고, 천국복음을 전파하시고, 각색 병자와 약한 자를 돌보시는' 일이었습니다.

필자도 40년 동안의 목회사역 중, 인천에 있는 동현교회에서 24년간을 목회하면서 교회에서는 원로목사로, 노회에서는 공로목사로 추대를 받고 행복한 목회 섬김을 마친 사람입니다.

그동안 연합기독뉴스에 투고한 글을 모아서 한 권의 책으로 세상에 내어놓습니다. 그간 50여 종의 책들을 집필하여 세상에 내어놓았습니다. 교육목회를 하는 동안 각 분야에 필요한 책들을 펴내게 되었습니다.

이 책은 에세이 형식의 '세상을 엿보는' 글로서, '매력 있는 사람'이라는 제목으로 세상에 내놓습니다.

읽는 독자들에게 다소라도 도움이 된다면 필자는 감사하게 생각합니다.

　목회의 길을 걷는 둘째 아들 윤원 목사와 첫째 아들 원장에게 감사의 마음을 전합니다.

　평생 목회자의 반려자로 내조에 힘써 준 아내에게 이 지면을 통해 감사하며, 책을 출간해 주신 나뒴 출판사 김이리 사장님께 감사드립니다.

　이 글을 읽는 모든 분들에게 하나님의 축복이 함께하시길 빕니다. 감사합니다.

2014년 9월

白

차례 / Contents

매력 있는 사람

책 머리에 ✿ ⋯ 최정성 목사 /5

1. 된사람 ▶ 13
2. 예의 바른 사람 ▶ 16
3. 십자가를 지는 사람 ▶ 19
4. 기쁘게 사는 사람 ▶ 22
5. 매력 있는 사람 ▶ 25
6. 지혜로운 사람 ▶ 28
7. 부모 공경 잘하는 사람 ▶ 31
8. 빛이 된 사람 ▶ 34
9. 핑계하는 사람 ▶ 37
10. 눈물의 사람 ▶ 40
11. 선한 사람 ▶ 43
12. 베뢰아 사람 ▶ 46

13. 찬송의 사람 ▶ 49
14. 은혜를 아는 사람 ▶ 52
15. 삶의 지혜가 있는 사람 ▶ 55
16. 복 있는 사람 ▶ 58
17. 자유의 사람 ▶ 61
18. 환난을 당하나 담대한 사람 ▶ 64
19. 사랑의 사람 ▶ 67
20. 힘 있는 사람 ▶ 70
21. 성경의 사람 ▶ 73
22. 평화의 사람 ▶ 76
23. 복음의 사람 ▶ 79
24. 아멘의 사람 ▶ 82
25. 예배의 사람 ▶ 85
26. 봉사의 사람 ▶ 88
27. 충성하는 사람 ▶ 91
28. 향기 나는 사람 ▶ 94
29. 본향 찾는 사람 ▶ 97
30. 죽음 앞에 선 사람 ▶ 100
31. 승리의 사람 ▶ 103
32. 눈물의 사람 ▶ 106
33. 거룩한 사람 ▶ 109
34. 성장의 사람 ▶ 112
35. 기도의 사람 ▶ 115
36. 전도의 사람 ▶ 118

37. 예닮의 사람 ▶ 121
38. 사명의 사람 ▶ 124
39. 곤경을 이긴 사람 ▶ 127
40. 무례한 사람 ▶ 130
41. 갈릴리 호수 같은 사람 ▶ 133
42. 감사의 사람 ▶ 136
43. 결단의 사람 ▶ 139
44. 소금의 사람 ▶ 142
45. 생각해 주는 사람 ▶ 145
46. 배우는 사람 ▶ 148
47. 좋은 습관을 가진 사람 ▶ 151
48. 열매 없는 사람 ▶ 154
49. 예루살렘을 사랑하는 사람 ▶ 157
50. 효노의 사람 ▶ 160
51. 열매 있는 사람 ▶ 163
52. 흑자 인생을 산 사람 ▶ 166
53. 창조적인 사람 ▶ 169
54. 새롭게 시작한 사람 ▶ 172
55. 인간다운 사람 ▶ 175
56. 섬김과 나눔의 사람 ▶ 178
57. 밤중의 사람 ▶ 181
58. 새로운 출발의 사람 ▶ 184
59. 믿음의 사람 ▶ 187
60. 운명을 바꾼 사람 ▶ 190

白

매력 있는 사람

1. 된사람

세상에는 수없이 많은 사람들이 살고 있다.
그런 사람들 중에 든사람도 있고 난사람도 있으며 된사람도 있다.

든사람은 머릿속에 지식이 많이 든 사람을 이르고, 난사람이란 재주가 있어 출세하고 이름난 사람을 말한다.

된사람은 인격이 훌륭하고 덕이 있어 됨됨이가 된 사람을 가리킨다.

원자바오 중국 총리는 든사람·난사람보다 된사람의 이미지가 더 강하고 진하다. 그는 평소에 간편하고 일하기 편한 점퍼 차림으로 나타나고, 그의 점퍼는 오래도록 입은 것이었다.

그리고 촌부가 감사하는 마음으로 전한 사과상자를 받고서 우리 돈 3만 6천여원의 그 사과값을 애써 치른 이야기를 전해 듣노라면 그의 됨됨이가 짐작할 만하다.

'사과상자' 하면 억대 돈이 든 뇌물상자를 떠올리는 우리의 우울

했던 자화상과 너무나 대조되기 때문이다.

그러니 원자바오는 된사람으로 나라를 이끌고 있으니 그 미래는 밝을 수밖에 없다.

우리나라에도 그런 지도자가 나오기를 기대해 본다.

여섯 자녀 모두를 하버드대와 예일대에서 공부시키고 미국사회 주류에서 활동하도록 키워낸 전혜성씨, 그녀는 아이들에게 항상 덕승재(德勝才), 즉 '덕이 재주를 앞서야 한다'고 가르쳤다고 한다.

재주가 아무리 뛰어나도 덕이 없다면 그 재주는 유용하지 못하고 도리어 장애물이 될 수 있으며, 세상에서 옳게 쓰이지 못할 것이기에 그 가르침은 백번 천번 옳았다고 생각한다.

목회하는 세계에서도 든사람이 있고 난사람이 있으며 된사람이 있다.

머릿속에 지식이 많이 든 사람인데 개척교회 하느라고 든 지식을 펼쳐보지 못하는 목사님도 계시고, 군소 교단으로 든 것도 많지 아니한데도 좋은 교회 만나고 좋은 협력자들을 만나 교계의 중요한 요직을 하나도 빼지 않고 다 거치는 난사람도 있다.

든사람으로 주어진 환경에서 최선을 다하고, 갖은 희생과 억울함을 당해도 묵묵히 참고 견디며 주의 몸 된 교회의 분열을 막는 일에 한 알의 밀알 되는 된사람도 있다.

그러나 세상은 된사람보다 난사람을 선호하는 듯하며 최상의 영광을 누리는 것을 볼 수 있다.

필자는 든사람도 못되고 난사람은 더욱 아니지만 희생과 억울함을 당해도 주님 앞에 된사람이 되고자 한다.

미국의 엘 고어는 하버드대를 우등으로 졸업하고 밴더필드 로스쿨을 나와 변호사가 된 든사람이다.

또 8년씩 하원과 상원의원을 거쳐 클린턴 행정부 시절, 다시 8년간 부통령을 지낸 사람이었다.

하지만 2000년 미국 대선에서 유권자들의 총투표 수에는 부시보다 54만 3천여 표 앞섰으나, 선거인단 투개표 과정에서 정말 억울하게 대통령 자리를 놓쳤다.

2004년 대선에도 나서지 않고 칩거하던 그는, 2005년 9월 허리케인 카트리나가 뉴올리언스를 강타하자 직접 비행기를 전세 내 이재민을 구하는 데 나섰다.

그리고 물에 잠긴 병원에서 애타게 구조만을 기다리던 280여 명의 환자를 구출해 냈다.

비록 대통령 자리에 오르지는 못했지만 엘 고어는 진짜 된사람이었다.

나는 엘 고어를 좋아한다. 그의 삶을 배우고 싶다.

세상엔 든사람도 많고 난사람도 많다. 그러나 된사람은 드물다.

그 된사람이 아쉽고 그리운 시절이다. 필자는 된사람이 정말 되고 싶다.

2. 예의 바른 사람

인생을 살다 보면 예의를 지켜 살아야 할 때가 참 많이 있다. 예의는 어른에게도 지켜야 하고 어린이에게도 지켜야 한다. 그리고 가정에서도, 직장에서도, 교회에서도 지켜야 할 예의가 있다.

창세기 9장 22-23절에 보면 "가나안의 아버지 함이 그의 아버지의 하체를 보고 밖으로 나가서 그의 두 형제에게 알리매 셈과 야벳이 옷을 가져다가 자기들의 어깨에 메고 뒷걸음쳐 들어가서 그들의 아버지의 하체를 덮었으며 그들이 얼굴을 돌이키고 그들의 아버지의 하체를 보지 아니하였더라"고 하였다.

이들은 아들로서 아버지의 실수에 대한 것을 덮어 드리는 예의 바른 모습을 볼 수 있다.

사람은 인생을 살면서 예의 바른 삶을 살아야 한다. 그래야 인간관계가 원만해지고 자신에게 칭찬과 축복이 돌아오게 되어 있다.

다윗은 예의가 있는 사람이다. 골리앗과의 전쟁을 승리로 이끌었기에 그는 왕의 사위가 되었다. 그러나 사울은 다윗을 정적으로 알아 어떻게 하든지 죽이려 했다.

악신의 지배를 받은 사울은 군대 3천 명을 거느리고 다윗이 있는 곳을 찾아 다녔다. 그런데 3천 명의 군사를 거느리고 다윗을 죽이려 했던 그에게도 허점이 많아서, 도리어 다윗이 사울을 죽일 수 있는 기회가 몇 번이나 있었다.

그러나 그는 사울을 죽이지 않았다. 그는 무례하지 않았기 때문이다.

하나님은 다윗이 무례하지 않고 예의 바르게 사울을 대하였으므로 그를 이스라엘의 대왕으로 삼으셨다.

가정에서도 가족 간에 예의가 있어야 한다.

잠언 31장 11-12절을 보면, "그런 자의 남편의 마음은 그를 믿나니 산업이 핍절하지 아니하겠으며 그런 자는 살아 있는 동안에 그의 남편에게 선을 행하고 악을 행하지 아니하느니라"고 했다.

현숙한 여인의 값은 진주보다 귀하다. 남편이 그를 믿는다. 현숙한 여인은 살아 있는 동안 그 남편에게 선을 행한다고 했다.

선을 행한다는 말은 무슨 뜻일까? 남편을 존경한다는 말이다. 남편을 앞세우는 것이다. 남편에게 예의를 지킨다는 말이다.

하나님께서 이 세상에 남자만 있도록 한 것이 아니고, 여자를 만드셨다. 돕는 배필이 되도록 한 것이다. 이것이 창조질서이다. 남편을 존경한다는 것은 아내로서 예의 바른 모습이다.

현숙한 여인은 동리에서도 질서를 잘 지킨다. 예의를 잘 지킨다.

그러므로 인정을 받고 존경을 받는다. 목회하면서도 예의 바른 사람과 예의 바르지 못한 사람들을 만나게 된다.

한 교회에서 20년이 되도록 목회하는 동안, 명절 때마다 꼭 인사를 하고 선물을 하며 예의 바르게 섬기는 성도가 있다.

그는 신앙생활도 잘하고 자녀나 물질이나 축복을 받고 교회 봉사생활도 모범으로 하는 것을 볼 수 있다.

반면에 교회의 중직자로서 평생 점심 한 끼 대접하는 것을 못 보았고, 자기 집 자녀들 여러 명을 결혼주례 해주었는데도 사례 하나 하는 법 없으며, 교회가 어려워질 때 목사를 나가라고 앞장서는 무리들도 보았다.

무례하기 한이 없으며 교회에서나 거리에서도 만나면 인사도 하지 않고 피해 지나가는 사람들도 있었다.

참으로 예의 없고 배신감을 느낄 때가 한두 번이 아니었다. 그러나 나는 끝까지 예의 바르게 살려고 노력하고 있다.

3. 십자가를 지는 사람

세상 속에서 이루어지는 일들을 보면, 사람들이 생각하는 것과 하나님이 이루시는 뜻은 엄청나게 다른 것을 경험할 때가 많다.

예수님께서는 33년 생애 가운데 3년 동안 공생애 기간을 가지셨다. 공생애 기간 동안 희생과 사랑으로, 섬김과 나눔으로, 육적 치유와 내적 치유·영적 구원의 역사를 이루어 가셨다.

예루살렘에 입성하실 때도 나귀를 타고 입성하셨다.

세상의 왕의 행진은 호화찬란하고 권위와 위엄을 갖추어야 한다. 다스리는 자는 권위가 있고 위엄이 있어야 하고 두려운 존재로 군림해야 백성에게 존경을 받는다.

이스라엘 백성들이 열망하고 대망하면서 기다리는 메시야는 권위 있고 엄위한 모습으로 당당하게 예루살렘으로 들어올 것을 꿈꾸고 환상을 그렸다.

그러므로 예수님이 예루살렘에 입성하실 때 모든 민중은 기대와 흥분으로 들떠 있었다.

그러나 주님은 군림하고 힘으로 다스리는 왕이 아니시다.

군마를 타고 칼을 치켜든 전쟁터를 주름잡는 왕이 아니시다. 어린 나귀 새끼를 탄 평화의 왕이시다.

군림하는 왕이 아니라 섬기고 사랑하는 평화의 왕이시다.

필자도 이름도 없이 빛도 없이 나귀 타고 예루살렘에 입성하신 주님을 닮고자 했다. 군림하거나 힘으로 다스리는 자가 아니라 애정과 살핌과 눈물로 섬기고 사랑하는 목사의 상을 늘 생각하며 살았다.

백성이나 성도의 기대는 군림하고 힘으로 다스리는 왕 같은 지도자를 바랐으나, 주님의 원하심은 나귀 타신 모습을 우리에게 보이시고 그와 같이 살기를 원하셨다.

백성들은 '호산나 찬송하리로다'라고 환영하였다. 그러나 주님의 예루살렘 입성은 십자가에서 죄인으로 죽어야 하는 길이었다. 얼마가 지나서 민중들은 지상에서 생각했던 왕이 아니라는 것을 알 수 있었다.

그들은 기대했던 만큼 예수님을 열광적으로 규탄했다. 지독하리만큼 배신했다. '유대인의 왕이라'고 재판을 할 때 절대로 유대인의 왕이 아니라고 했다.

유대인의 왕이 아니라고 할 때, 실망한 백성은 예수를 고발하고 당시 사회를 시끄럽게 했던 '바라바'라는 사형수를 예수 대신 놓아주고 예수는 사형시키라는 데모를 했다(마 27:16-18:21).

필자도 섬기던 교회에서 간교하고 무례한 자들에 의해 이런 고난과 아픔을 당했다.

빌라도는 예수가 아무런 죄가 없음을 알고 있었다. 벌 줄 수 없다는 것을 알면서도 군중들의 데모가 두려워서 십자가에 내어 주었다.

마침내 사랑이 증오로 변했다. 양이 사자로 변했다.

환영의 민중은 독사의 무리로 변했다. 목적이 다를 때, 기대가 다를 때, 요구가 다를 때 인간은 언제나 무서운 폭도로 변할 수 있다.

끝내 예수님은 민중의 요구대로가 아니라 하나님의 뜻대로 십자가에 달려 죽으셨다. 멸망을 영생으로, 죄인을 의인이 되게 하시는 십자가의 도를 이루시기 위해 십자가를 지셨다.

그가 진 십자가는 하나님 사랑의 최상의 증거요, 공의의 최대 증거이며 풍성한 축복의 경이이다.

십자가를 지신 주님이 아니면 보좌에 앉으신 주님도 될 수 없다. 역사의 변화는 십자가를 지는 사람들에 의해 바뀌게 된다.

십자가 지는 삶을 회피하지 말고, 주를 위하여, 교회를 위하여, 십자가를 지는 사람이 되자. 십자가 후에 먼 훗날 보좌에 앉게 해주실 하나님의 축복을 기대하면서 살자.

4. 기쁘게 사는 사람

사람마다 세상을 살아가는 스타일은 다양하다. 주어진 환경 속에서 자족하고 사는 사람도 있고, 원망과 불평 속에 사는 사람도 있으며 가시가 있고 고통이 따라와도 기쁘게 살아가는 사람도 있다.

그리스도인의 삶은 가시가 있어도 기쁨이 있는 삶을 살아야 한다. 기쁨이 있는 사람은 누구일까?

인간에게는 자신만이 아는 비밀스런 인생의 가시가 있다. 성경에 나오는 사람 중에 바울 사도에게는 비밀의 가시가 있었다. 칼빈은 바울 자신이 받은 영적 유혹·의심·가책 같은 것이 가시라고 했다.

루터는 가시가 바울이 받은 핍박이라고도 한다. 가톨릭에서는 그가 독신생활을 하는 데서 오는 본능적인 충동이라고 했다. 교부 터툴리안은 바울이 항상 괴로워하는 두통이라고도 했다.

어떤 사람은 바울에게 간질병이 있었다고 한다. 어떤 사람은 눈병으로 가시처럼 찔려 고통을 당한다고 했다. 우리 인간에게도 형제·

친구 간에도 비밀로 감추어진 가시가 있다.

필자에게도 가시가 있다. 성격적인 가시가 있다. 우유부단함이 있고 가정을 통한 가시와 아픔도 있다. 목회상에서 오는 수많은 가시도 있다.

바울은 가시를 제거해 달라고 3번씩이나 기도했다(고후 12:8).

바울은 남의 병을 기도로 고친 사람이다. 그는 기도하다가 하늘나라에 다녀온 사람이다(고후 12:1-2). 최고의 지식인이다. 최고의 가정환경이다. 사회환경이 높은 수준급의 사람이다.

그런데 자기 자신의 가시 때문에 기도할 때 거절당했다(고후 12:8-9).

지금까지 받은 은혜가 풍족하니 괴로운 가시는 그대로 두는 것이 바울의 신앙생활에 더욱 은혜가 되는 방법이라고 했다.

인간은 교만하기 쉽다.

'나는 지식인이다. 나는 영적으로 충만한 능력이 있는 사람이다. 사회에서 존경받는 유명인사이다.'

이렇게 교만해질 가능성이 바울에게 있음을 아시는 하나님은 더욱 겸손하게 하여 하나님의 큰 그릇으로 사용키 위한 것이었다.

필자 역시 가시 때문에 바울처럼 깊이 기도하면서 오히려 하나님의 뜻을 발견하고 더 겸손하게 살게 하시는 체험을 하게 되었다.

고통을 기쁘게 생각하고 고난을 기쁘게 생각하는 것은 역설이다. 인생의 가시가 감사하다는 것도 억측이다. 그러나 바울은 오히려 건강했을 때 범죄한 반면, 육체의 가시가 있어도 하나님을 떠나지 않고 하나님의 뜻을 따르려고 간절히 신앙생활하게 된 것을 감사했다.

바울은 가시가 있는 삶 속에서 감사하는 사람이었다. 진정한 감사와 기쁨의 사람은 가시 속에서도 기뻐할 수 있는 사람이다.

사람마다 가시가 있다. 부모를 잘못 만난 가시, 배우지 못한 가시, 배우자를 잘못 만난 가시, 자신의 용모가 시원치 않은 가시가 있다. 그러나 십자가 위에 달리신 예수님은 인류의 구원과 생명을 주셨다.

우리도 가시덩굴 위에 아름다운 장미꽃이 피어나는 것처럼, 자신의 약함의 가시 위에 신앙의 아름다운 장미꽃을 피울 수 있는 사람으로 기쁘게 살자.

5. 매력 있는 사람

사람들 중에는 예쁘게 생긴 사람도 있고, 잘생긴 사람도 있으며 순수하게 생긴 사람도 있고 독특하게 생긴 사람도 있고 못생긴 사람도 있다.

예뻐 보이기 위해서 성형수술을 하는 사람도 있다.

인공적으로 미인이 되고자 하는 사람들도 있다.

그런 사람들 중에는 매력이 있는 사람들도 있다. 매력이 있다는 것은 아름다움이 있고 착함이 있으며 고움이 있어 끌리는 마음이 있는 능력을 말한다.

들과 산에는 아름다운 꽃이 만발하고 있다. 꽃의 매력은 향기이다. 꽃향기에 의해 벌과 나비들이 찾아오고, 향기를 통해 사람들에게도 매력이 있어 끌리게 하고 좋아하게도 한다.

향기나는 꽃들을 싫어하는 사람은 없다. 향기는 매력이 있다. 사람도 매력이 있는 사람이 좋다.

바울은 고린도후서 2장 15절에 "우리는 구원받는 자들에게나 망하는 자들에게나 하나님 앞에서 그리스도의 향기니"라고 했다. 믿는 사람들은 그리스도의 향기를 풍겨야 한다.

그러므로 모든 사람들에게 매력이 있는 사람이 되어야 한다. 예수님의 이름은 매력이 있다.

예수님은 "…하나님께서 나사렛 예수로 큰 권능과 기사와 표적을 너희 가운데서 베푸사 너희 앞에서 그를 증언하셨느니라"(행 2:22)고 했다.

예수님께서는 가지고 계시는 것 세 가지가 있다.

이것이 매력 있는 힘이다.

권능이 있다. 권능 혹은 능력이란 폭발하는 불가항력적인 힘을 뜻한다. 예수님은 권능을 행하셨다. 매력이 있는 일이다.

표적이 있다. 표적이란 단어는 신호·표시·징조·군호 등으로 번역될 수 있다. 예수님의 표적은 당시 사람들에게 매력이 있었다.

이적이 있다. 요한복음 4장 48절에 보면, "예수께서 이르시되 너희는 표적과 기사를 보지 못하면 도무지 믿지 아니하리라"고 했다. 이 말씀의 의미는 예수께서 행하신 이적은 믿음을 주기 위한 수단이었다는 말이다.

예수님께 있었던 이 큰 권능과 표적과 기사는 따로 있었던 것이 아니고 서로 동질성을 띠고 있다.

이는 주님이 하나님의 아들로서 죄인을 구원하는 일에 나타난 그의 초자연적 구원역사를 이렇게 표현한 것이다.

권능과 표적과 이적이 예수님에게만 있었던 생명의 매력이었다.

예수님의 권능과 표적과 기사가 천지창조에서 나타났다.

　예수님의 성육강세가 권능과 표적과 기사였다. 예수님께서 이 권능과 표적과 기사를 통해서 복음사역을 하셨다.

　베드로는 구속사적인 설교를 한다. 그리고 수많은 사람들이 변화를 받아 세례를 받았다.

　우리들도 주님의 매력을 드러내는 주의 자녀가 되어야 한다.

　그리스도인의 향기는 예수님의 인격과 삶을 본받는 것이 매력이다. 예수님의 온유와 겸손한 마음을 배우고 섬김과 나눔의 삶을 실천하며 사는 것이 매력 있는 사람이다.

　그리스도의 희생적인 삶을 본받아 희생적인 사랑을 실천한 사마리아 사람과 같이 사는 것이 매력 있는 사람이다.

　그리스도인들은 예쁘거나 잘나지 않아도 그리스도인의 인격을 닮아 온유와 겸손한 마음을 가진 매력 있는 사람이 되어야 한다.

6.
지혜로운 사람

세상에는 지혜로운 사람도 있고 미련한 사람도 있으며 약삭빠른 사람도 있다.

미련한 사람은 그 삶 자체가 어둡고 진전이 없으며 늘 실패하는 인생을 산다.

약삭빠르게 사는 사람은 임시는 되는데 결과는 좋지 않다. 자기 유익을 위해서 일하기는 하나 공동체에 큰 손해를 끼친다. 결국은 모든 사람들에게서 멸시당하고 패배하는 인생이 되고 만다.

지혜로운 사람은 하는 일을 바르게 하고 분명하게 하며 투명하게 하므로 성공적이고 보람이 있고 가치 있는 인생의 삶을 산다.

지혜란 판단력·분별력·창의력이 있는 것을 가리킨다. 마태복음 7장 24-27절에 보면, 지혜로운 건축자와 어리석은 건축자의 이야기가 나온다.

지혜로운 건축자는 반석 위에 건물을 세워서 어떠한 충격이 오더라도 꿋꿋이 서 있는가 하면, 어리석은 건축자는 단단하지 않은 모래 위에 건축을 한다는 내용이다.

건축 결과 모래 위에 세운 건물은 비바람이 불면 무너지고 만다. 반석 위에 지은 건물은 튼튼하여 잘 견딘다.

우리 인생도 마찬가지이다. 반석 되신 예수 그리스도 위에 인생을 건축한 사람, 곧 신앙을 건축한 사람은 실패가 없는 성공자이다.

세상 모래 위에 세운 인생은 허무 위에 인생을 설계하여 지었기 때문에 결국은 실패로 끝날 수밖에 없다.

우리 인생은 지혜로운 사람이 되어야 한다. 인생의 터는 예수 그리스도라야 단단한 기초 위에 세워지게 된다.

지혜로운 건축자는 예수 그리스도 위에 세우게 된다.

현대건축 공법이 발달하여 집을 지을 수 없는 불가능한 지역인 서울 한강변 여의도 모래땅에, 기초공사를 잘 할 수 있는 기술로 63빌딩을 모래 위에 세울 수 있게 되었다.

국회의사당, KBS 방송국 등 고급 아파트 단지가 된 것은 기초공법이 발달되었기 때문이다.

예수 그리스도의 기초 위에 세운 인생의 삶은 성공할 수 있다. 그가 지혜로운 사람이다.

세상의 철학 사상, 인간의 수단과 방법에 따라 세운 인생은 실패한다. 이는 어리석은 사람이다.

미국의 재난영화인 '타워링'을 본 적이 있다.

내용을 보면, 건축 설계사는 규격품을 사용하여 전선으로 쓰도록 했는데, 사장의 사위는 설계사의 설계대로 하지 않고 값이 싼 전선을 사용하여 전기 시설을 하였다.

　아주 큰 빌딩을 지어놓고 맨 위층에서 기관의 내빈들과 많은 손님들을 모시고 개관식 칵테일 파티를 하고 있는데, 전기 누전으로 그 빌딩은 삽시간에 모조리 타 버리고 만다. 인명피해를 줄이기 위해 비행기를 동원하여 사람을 실어 날라도 희생자는 엄청났다.

　설계사도 부상을 당한 채 허탈감에 빠져 혼자 독백을 한다.

　'그대로 해야지. 그대로 해야지.'

　법대로 믿음대로 진리의 말씀대로 그대로 살아야만 한다.

　사장의 사위는 싼 전선을 사용함으로써 그 결과 큰 빌딩은 불타버렸고 엄청난 인명피해를 내게 되었다.

　어리석은 판단, 얄팍한 이익, 임시방편적인 결정은 이렇게 크나큰 손해를 보게 한다.

　우리는 목사로서 장로로서 예수 믿는 자로서 서 있는가, 나의 양심에 거리끼는 일은 하지 않았는가를 돌아보아야 한다. 부실건물의 결과는 실패로 나타난다.

　정성을 들인 건물은 튼튼하다. 부실건물을 지은 자는 어리석은 사람이요, 정성들여 튼튼한 건물을 지은 자는 지혜로운 사람이다.

　시인 괴테는 건물을 보는 3가지 방법을 말했다.

　1) 올바른 장소에 있는가?

　2) 안전하게 지었는가?

　3) 성공적으로 관리하고 있는가?

　그대로 있으면 지혜롭게 지은 집이요 상을 받는다. 인생도 마찬가지이다.

7. 부모 공경 잘하는 사람

　세상에서 사는 동안 임의로 선택할 수 있는 것이 있고, 전혀 임의로 선택할 수 없는 것이 있다.

　우리는 친구나 아내나 스승을 스스로 선택할 수 있으나, 부모는 임의로 선택할 수 없으며 하나님이 주신 것이다.

　요셉은 국무총리가 되어서도 아버지를 모시기까지는 자기의 성공을 성공으로 보지 않고 마음 아파했다.

　우리 주님께서도 십자가 죽음 직전에 요한에게 마리아 어머니의 봉양을 부탁하셨다.

　십계명에서도 1계명에서 4계명까지는 하나님을 사랑하고, 5계명에서 10계명까지는 부모사랑을 첫째로 하고 이웃사랑으로 되어 있다.

　첫째, 하나님을 사랑하고 두 번째 부모를 사랑하는 것이라고 마르틴 루터는 말했다.

부모의 뜻은 '아버지와 어머니'를 의미하나, 그 뜻은 비단 친부모에게뿐만 아니라, 연령에 있어서나 은사에 있어서나 모든 윗사람을 말하며, 그리고 특히 하나님 법령에 의하여 된 가족·교회, 또는 나라에 있어서 권위 위에 있는 사람들을 말한다.

'공경하라'는 말은 히브리어로 '키베르'인데, 원뜻은 무겁다는 말이다. 사람의 내장 중에 간장은 제일 무거운데 간장처럼 귀히 여기라는 것이다.

영어의 '오노'는 라틴어로 '호노스'에서 왔는데, 그 뜻은 '높이 평가한다, 존경한다, 경외하다, 영광, 또는 최고로 친다'라는 뜻이다.

부모는 최고의 사랑이다. 가장 귀한 분이다. 가장 높은 분이다. 부모 공경의 성경적 방법은 구약에서는 자녀에 대한 절대권까지 부모에게 있었다. 자녀의 결혼권도 부모에게 있었다(창 24:). 빚값으로 자녀를 종으로 팔기도 했다(히 25:29-41; 왕하 4:1).

칼빈은 부모에게 효도할 정이 없는 자녀는 괴물이지 인간이 아니라고 했고, 루터는 부모와 웃어른께 효도하라고 했고, 성경은 육신의 부모나 연령이 높은 분은 다 부모처럼 대접하라고 했다.

성직자들에게도 영적 지도자로서 존중할 것을 말하였다.

"그리스도 안에서 일만 스승이 있으되 아버지는 많지 아니하니 그리스도 예수 안에서 내가 복음으로써 너희를 낳았음이라"(고전 4:15).

우리는 복음의 자녀로 그리스도는 바로 복음이요 성직자는 복음의 중매자요 산모이다.

구약에서도 제사장은 만군의 여호와의 사자라고 했고(말 2:7), 신약에서는 성직자는 그리스도의 대신이라고 했다(고후 5:20). 존경하고 순복해야 한다.

성도는 부모에게 효도하는 사람이 되어야 한다. 그것이 계명대로 사는 것이다.

그리할 때 땅에서 잘되고 장수한다고 했다. 축복받는 가정, 축복받는 부모에게는 3대 책임이 있다. 제사장으로서 예배를 주관하는 책임, 선지자로서 교훈하는 책임, 왕으로서 권위를 가지고 다스리는 책임 등이다.

그리할 때 축복이 임한다. 아브라함과 사라는 이삭을 잘 길러 절대 순종케 했다.

야곱은 노후까지 효도하도록 키웠다. 요게벳은 환난 중에 모세를 낳아 땀과 눈물의 기도로 길러 제사장 아론, 영적 지도자 모세, 여선지자 미리암을 길러냈다. 한나는 기도로 잉태, 기도로 사무엘을 낳아 하나님께 드리고 축복받은 부모가 되었다.

부모 공경 잘하는 자녀나 사람은 복을 받는다. 또 축복받는 부모는 자녀가 효도 잘하도록 그 책임도 잘해야 한다. 부모를 사랑한 자녀, 하나님을 사랑한 부모는 효도하는 자녀를 둔다.

8. 빛이 된 사람

세상 사람 중에는 세상을 어둡게 하는 사람들이 있다. 살인·강도·테러 등으로 인적·물적 손해를 끼치고, 세상을 공포와 슬픔의 세계로 몰고 가는 개인도 있고 독재자도 있으며 집단으로 행하는 자들도 있다.

반면에 어둠의 세상, 절망의 세상에서 어둠을 몰아내고 절망을 희망으로 바꾸는 빛이 되는 사람들이 있다.

온 인류에게 빛이 된 분은 예수님이시다. 죄로 인해 죽을 인생들을 구원하시기 위해서 십자가를 지신 주님은 분명 세상의 빛이 되셨다.

인도 선교를 위해 고아들의 어머니가 된 테레사 수녀도 빛 된 삶을 살았다. 요즘 암으로 죽음의 문턱에 있고 고통 속에서 사는 사람들에게 자신의 신장을 값도 없이 사랑으로 제공하여 건강을 찾게 하고, 생명을 구원하는 사람들은 현대판 작은 예수 같은 빛이 된 사람들이다.

빛이란 물체의 정체를 나타내는 것이다. "내가 세상에 있는 동안에는 세상의 빛이로라"(요 9:5). 예수님은 제자들에게 세상의 빛이라고 했다. 어둠을 밝혀주는 빛, 생명을 제공해주는 생명의 빛, 소망을 비춰주는 빛이 예수님이시다. "너희는 세상의 빛이라"고 하신 주님의 말씀처럼 우리도 세상의 빛이 되어야 한다.

빛은 그의 정체가 사람에게 보여진다. 팔레스틴 가옥은 사방이 돌담이고 지름 5cm 정도의 창문을 하나 낸다. 집안은 언제나 어두컴컴하다. 불을 켜야 분별할 수 있는 집이다.

성도는 어두운 세상에서 자기 정체를 나타내는 빛이다.

"예수께서 또 말씀하여 이르시되 나는 세상의 빛이니 나를 따르는 자는 어둠에 다니지 아니하고 생명의 빛을 얻으리라"(요 8:12)고 했고, 또 "너희가 전에는 어둠이더니 이제는 주 안에서 빛이라 빛의 자녀들처럼 행하라"(엡 5:8)고 했다.

2007년 5월 31일자 중앙일보의 기사에 진해에 사는 '아귀찜 할매' 김공순 씨의 미담을 소개한 것을 읽을 수 있다.

60대 음식점 주인이 병마와 싸우고 있는 환자들을 위해 평생 모은 재산 1억원을 내놓았다.

서울 아산병원은 31일 경남 진해시에서 15년째 아귀찜 음식점을 하고 있는 김공순(67) 씨가 1억원을 기부해 왔다고 발표했다.

지금껏 홀몸으로 겨울 옷 한 벌, 여름 옷 한 벌로 지내는 등 검소한 생활을 해온 김 씨는 20여 년 전 공장에서 일하다 추락사고로 척추를 다치고 교통사고·뇌출혈·심근경색 등을 앓아 왔다.

김 씨는 오랫동안 투병생활을 하면서 다른 환자들의 고통을 알게 되었다. 최근 심근경색 수술을 받은 뒤 죽기 전에 기부할 마음을 먹었다가, 서울 아산병원에서 무료진료 활동을 한다는 소식을 듣고 결심하게 됐다고 말했다.

그의 말 중에 "돈이 많아야 부잔가요? 몸 건강하고 마음 건강하면 부자지. 사회에서 번 돈이니 사회에 내놓은 겁니다."라고 했다.

이 여인의 삶은 빛 된 삶이다. 세상의 어둠을 밝히는 빛이 된 사람이다.

빛이 된 사람은 모두 자기희생·자기포기, 전부를 내어주는 사랑의 실천자이다.

우리도 세상에서 살 때 어둠을 밝히는 빛으로 살아야겠다.

9.
핑계하는 사람

사람마다 자기가 행한 일이 있고 책임져야 할 의무가 있다. 잘한 일에는 얼굴을 내밀어 칭찬받으려 하고, 자기가 책임져야 할 결정적인 일에는 책임보다는 핑계하는 사람도 있다.

고통이 따르고 희생이 따라도 책임질 줄 아는 사람은 훌륭하고, 핑계하는 사람은 비겁해 보인다.

인생을 살다 보면, 종종 이런 일을 만나게 된다. 인류 최초의 살인 비극이 한 가정의 혈육살인에서 출발했다. 야망과 욕망 때문에 무서운 혈육상잔의 범죄를 저질러 버린다.

하나님께서 동생 아벨을 죽인 가인에게 동생이 어디 있느냐고 물으신다. 인간이 범죄할 때마다 하나님은 반드시 범죄자의 양심에 충격을 주셨다.

아담이 하나님의 불순종으로 범죄함과 동시에 숲 속에 숨어 버렸다.

범죄의 불안으로 숨어 있는 아담에게 하나님은 반드시 "아담아 네가 어디 있느냐"(창 3:9)고 찾으신다.

　준엄한 심판의 음성이다. 가인이 동생 아벨을 살인하고 시치미를 떼고 있을 때, 하나님은 "가인아 네 아우 아벨이 어디 있느냐"고 물으신다.

　함께 있어야 할 형제이다. 화목해야 할 혈육이다.

　사랑하고 용서하고 동정하고 의지하면서 인간답게 살며, 서로 가진 것을 주는 삶을 살아야 하는 것이 본래의 하나님의 뜻이며 하나님의 명령이다. 자신의 야망 때문에 형제를 버리는 일은 악하다. 정치에서도 이런 모습을 보며 사회에서도 이런 모습이 너무 행해지므로 세상의 악함을 실감한다. 교회 안에서도 이런 유형의 사람들이 섞여 살고 있다.

　하나님께서 "네 아우 아벨이 어디 있느냐"(창 4:9)고 가인의 소행을 아시고 책임을 물으셨는데, 가인은 "내가 내 아우를 지키는 자니이까" 하고 책임을 회피하고 핑계하는 사람이 되었다.

　인간은 책임적 존재이다. 인간은 사명적인 존재인 것이다.

　회사를 경영하는 사람은 수천 명의 공장 노동자의 생활을 위해서, 이 공장을 잘 경영하여 함께 살아가며 생활을 지켜 주는 것이 민주주의의 경영원리인 것이다. 배운 사람은 배우지 못한 사람의 힘이 되어서 그의 약점을 지켜 주어야 한다.

　의사는 돈 버는 목적을 떠나서 병든 환자의 생명을 최선을 다하여 보살피는 것이 사명이며 책임이다.

　돈 없는 사람이 왔다고 해서 다른 곳으로 보낸다든지 외면해 버린다면 간접적인 살인행위가 되어 버린다.

책임을 회피하고 핑계하는 사람, 책임을 져야 할 자리에서 핑계하는 사람은 비굴한 자요, 비겁한 자요, 실패한 사람이다.

하나님은 범죄한 시대마다 심판을 하셨다.

노아의 시대, 하나님을 무시한 범죄한 시대에 홍수로 하나님은 역사의 심판을 하셨다.

소돔·고모라 시대는 하나님을 경시하고 성적으로 방종한 시대였으므로 유황불을 내려 도성을 불살라 버린 심판을 역사에 내리신 것이다. 동생을 죽인 가인은 죄악의 불안으로 방황하며 그의 삶이 죽음의 무서움에서 벗어나지 못한 살인자의 심판이 있었다.

형제의 피를 흘린 살인과 난폭자·횡포자의 힘이 강한 것 같으나 하나님은 형제의 피를 흘린 살인자, 그 힘을 심판으로 찍어 버리신다. 살인자의 역사는 불안과 공포의 삶이다.

아벨의 인권을 짓밟는 가인의 폭력, 아벨의 성의를 짓밟는 가인의 부정, 아벨의 자유를 빼앗는 가인의 억압, 하나님은 들으시고 보시고 분노하신다.

우리는 기도하는 아벨이 될지언정 칼을 쓰는 가인이 되어서는 안 된다.

자기 책임을 회피하고 핑계하는 사람이 되어서도 안된다. 책임 있는 사람이 되어야 한다.

10. 눈물의 사람

사람은 이 세상에 사는 동안 살아가는 과정 속에서 사명을 이루기 위해, 때로는 인생의 고달픔을 통해 눈물을 흘릴 때가 있으며, 너무 감격스러운 일을 만날 때도 눈물을 흘릴 때가 있다.

그 눈물은 진실을 의미하고 중심의 사실을 드러내는 증표요 마음의 표현이다.

대개의 경우, 눈물은 괴로운 날에 더 많이 흘리게 되는 것을 알 수 있다.

시편 102편 1-13절에서 보면, 시인도 인간이 당하는 모든 괴로운 일을 통하여 눈물을 흘린 것을 볼 수 있다. '내 날이 연기같이 소멸하며 내 뼈가 숯같이 타고'(3절), '내가 음식 먹기도 잊었으므로 내 마음이 풀같이 시들고 말라 버렸으며'(4절), '탄식 소리로 말미암아 나의 살이 뼈에 붙었고'(5절), '광야의 올빼미 같고 황폐한 곳의 부엉이 같다'(6절)고 했다.

원수들이 종일 나를 비방하며 내게 대항하여 미친 듯이 날뛰며(8

절), 재를 양식같이 먹으며 나는 눈물 섞인 물을 마시는 신세가 되었고(9절), 기울어지는 그림자 같고 풀의 시들어짐 같은 존재가 되었다(11절)고 고백했다.

이 시인은 육적으로 정신적으로 날마다 시간마다 순간마다 고통의 연속이었다.

"분노와 진노로 말미암아 들어서 던진"(10절) 것 같은 존재임을 말하며 눈물 속에 산 사람이다.

필자에게도 이런 고통과 아픔과 눈물만이 나오는 괴로움의 날이 있었다.

한 간교한 자의 모략과 중상과 모해로 인해 목회적 위협을 당하게 되었다. 그때 본문의 시인과 같은 심정이었다. 주변의 사람 그 누구도 도움이 되거나 위로가 되지 못했다.

평온하고 잘 나갈 때는 전심전력을 다해 충성도 하고 따르더니, 고통 속에 임하게 되니 사실 여부와 진실을 떠나서 모함하고 모해하는 편에 서고, 언제 보았던가 하고 등 돌리는 목사·장로·성도들을 볼 수 있었으며, 자기의 고통과 어려움을 돌보고 희생하고 십자가를 져 주었지만 도리어 더 많은 고통과 아픔을 주고 떠나는 사람들을 보았다.

그리할 때 본인은 한없이 눈물만 흘리고 아픔과 고통과 희생 속에 살 수밖에 없었다. 다만 전능하신 여호와 하나님의 진실하신 판단과 감찰하시는 하나님을 바라보고 위로와 소망을 가질 수밖에 없었다.

9절에 보면 "나는 눈물 섞인 물을 마셨나이다"라고 했다.

이 시인은 분노 가운데서도, 우울한 가운데서도, 괴로운 가운데서도 하나님께 기도하고 하나님이 응답해 주시고 싸매시고 치료하시고 능력을 주실 것을 믿고 눈물로 기도했던 신앙인이다.

비록 우리의 삶이 눈물나며 외롭다 해도, 주님이 계시고 위로하시며 친구가 되시고 신랑이 되시니, 슬픔 대신 기쁨으로, 눈물 대신 웃음으로 살아가는 자가 되어야 한다.

욥기 16장 20절에 "나의 친구는 나를 조롱하고 내 눈은 하나님을 향하여 눈물을 흘리니"라고 했다. 욥은 일시에 자식을 잃어버리고 전 재산을 다 잃어버렸다. 자기 자신은 나병에 걸렸다.

부인이 조롱하고 친구가 조롱하는 눈물 인간이다. 서러운 인생이다. 그러나 억울해서 노여워서 우는 절망의 눈물이 아니고, 하나님을 향하여 하나님의 사랑을 바라고 눈물을 흘렸다.

다윗은 유대왕으로 충신을 버리고 충신의 부인을 간음하고 하나님을 노엽게 했던 죄로, 밤마다 울면서 회개하는 눈물을 흘렸다.

하나님 없이 억울해서 우는 자의 눈물은 병이 생기고 인간을 타락케 하여도 회개의 눈물은 인간회복·심령회복, 하나님과의 영적 회복으로 치료받고 심령 문이 열리고 하늘 문이 열리는 희망과 소망과 평화의 눈물이다.

11.
선한 사람

사람들의 생활 속에서 보면, 선하게 사는 사람이 있는가 하면 위장 속에서 악하게 사는 사람들도 있다.

짧은 인생을 살아가면서 악하게 살다 갈 필요가 없다. 선하게 살다 가는 선한 사람이 되어야 한다. 선한 사람의 행적은 모든 사람에게 감동을 주어 그 선한 일을 본받아 살게 하는 좋은 영향력을 주는 힘이 있다.

믿는 자의 지상생활은 어떤 형편에서든지 아름답고 선한 생활을 해야 한다. 세상에서 부요함이나 권세나 명예는 죄가 아니라 하나님이 허락해 주신 은사이며, 이것을 동원하여 선한 곳에 하나님의 영광을 위해 사용할 책임이 있는 것이다. 부요함을 통해 구제의 손을 뻗치고 권세를 가지고 약자를 도울 책임이 있는 것이다. 이런 부요와 권세들을 가지고 있으면 훨씬 더 많이 감당해야 할 책임과 사명을 느끼고 하나님께 영광을 돌려야 피차 평안할 것이다.

누가복음 6장 45절에 "선한 사람은 마음에 쌓은 선에서 선을 내고 악한 자는 그 쌓은 악에서 악을 내나니 이는 마음에 가득한 것을 입으로 말함이니라"고 했다. 선한 사람은 나누어 주기를 좋아한다. 자기가 소유한 물건이나 돈이나 가치 있는 것들을, 어렵고 힘든 사람에게 나누어주어 도움이 되고 위로가 되며 힘과 용기를 주게 된다.

음악박사이며 문학박사·신학박사요 의학박사인 슈바이처는 어느 날 건강에 대한 감사를 느끼고, 배운 것에 대해, 또한 독일에서 태어난 것에 대해 감사를 드리게 되었다.

하나님의 은혜를 갚는 의미로 적도 랑바레네(가봉 공화국)에 가서 나병환자 수용소를 만들고 사랑과 복음을 나누어 주었다. 일생을 나누어 주며 살았기 때문에 인류 역사상 위대한 인물이 된 것이다.

바울도 예수님께 받은 구원과 사랑을 나누어 주기 위하여 가정도 포기하고 일생을 가난하게 살면서 복음을 실천했다. 초대교회는 나그네처럼 무작정 다니면서 복음을 전한 사람들이 있었다. 아무 집이나 성도의 집에 들어가면 숙식을 제공받고 주님의 사랑을 나누었다. 가난한 이웃에 대하여 나누어 주기도 하고 선교사업·선지학교, 복음 전하는 기관, 주님의 사랑을 원하는 곳에 나누어 주는 삶을 사는 것은 선한 것이다.

그리고 선한 사람은 동정하는 마음이 있다. 동정한다는 것은 인간만이 가지는 아름다운 마음이다. 우리는 따뜻한 마음을 가지고 연약한 자들을 돌보아야 한다. 업신여기거나 그들에게 교만해서는 안된다. 주님은 겉옷을 가지고자 하면 속옷까지도 주라고 했다. 이것이 선한 마음이요 동정하는 마음이다.

누가복음 10장 30-37절의 내용을 보자. 어떤 사람이 예루살렘에서 여리고로 가는 도중에 강도를 만났다. 제사장도 그냥 지나가고 레위인도 지나가고 천대받는 사마리아인만 강도 만난 사람을 보살펴 주막집에 데려가서 쉬게 하고 모든 경비를 담당하고 동정을 했다. 이중에서 이웃의 친구는 동정을 가지고 뛰어든 사마리아인인 것이다.

주님은 누가 더 선하며 옳으냐고 물으신다. 인생의 여리고·질고·위험·사고 지역에서 사마리아인 같은 동정심이 있는 선한 사람으로 살자. 선한 사람에게는 그 결과를 하나님께서 아름답게 하신다.

12. 베뢰아 사람

사람이 삶을 살아가는 형태는 다양하다. 거미 같은 인생, 개미 같은 인생, 꿀벌 같은 인생이 있다고 흔히들 말하기도 한다.

거미 같은 인생은 불로소득을 취하는 사람, 개미 같은 인생은 자기 유익을 위해서 부지런히 일하는 사람, 꿀벌 같은 사람은 자기희생을 통해 많은 사람들에게 유익을 주는 사람을 의미하기도 한다.

찬란한 태양이 공평하게 대지 위에 비춰 주었으나 어떤 식물은 햇빛을 잘 받고, 어떤 식물은 잘못 받아서 성장하지 못한 것이 있으며, 병들어 죽어 버린 경우도 있다.

한 농장에서 가라지와 알곡이 함께 자라기도 한다. 한 목장에 양과 뿔난 염소가 있기도 하다. 한 교실 안에서 공부한 학생 가운데에 성적이 좋은 학생도 있고 성적이 나쁜 학생도 있다.

아름다운 음악이 흘러나오면 기뻐서 춤이라도 추려는 사람이 있고, 어떤 사람은 감정이 좋지 않아서 신경질을 내는 사람도 있다.

교회 안에도 함께 예배드리는 성도 가운데에는 감격하고 말씀을 깨달으며 고백하고 헌신하고자 하는 성도가 있다.

어떤 성도는 짜증스러운 시간을 보내는 시험받는 성도도 있다. 야비하고 정면으로 도전하여 말씀을 증거하는 데 어려운 시험이 되었다.

그런데 성경에서는 베뢰아 사람들은 말씀을 진지하게 받아들이고 말씀을 연구하여, 날로 남자와 귀부인들이 모여들게 되었다고 한다.

베뢰아 사람은 신사적인 사람, 곧 고상한 사람들이라고 했다.

현대교회도 물량주의로, 권위주의로 허세를 나타내고 위력을 보이려 하는 사람이 있고, 또 어떤 이들은 신사적이며 고상한 인간이 되고 하나님의 말씀을 읽고 배우고 실천하면서 성경적인 사람, 감동과 감화를 줄 수 있는 덕망이 있는 신자, 영적인 신자가 되려고 노력하는 성도가 있다.

베뢰아 사람은 어떤 사람인가?

베뢰아 사람은 더 신사적인 사람이라고 했다(행 17:11). '신사적'이란 말은 '고상하다'는 말과 같은 뜻이 들어 있다. 신사적인 사람은 세 가지를 구비한 사람이다.

생각이 깊어야 한다. 바르게 생각하고 바르게 판단하고 바르게 결정하는 것이다.

마음이 깊어야 한다. 긍정적이면서 바르게 마음을 가지고 바르게 마음을 사용하는 것이다. 넓은 마음, 감정에 사로잡히지 않은 부드러운 마음이다.

깊이 생각하고 바른 마음을 가지고 행동하는 사람이다. 데살로니가 사람은 거칠고 편협적이고 부정적인 사람들이다.

하나님의 말씀을 증거할 때 무조건 바울이 밉다고 좋은 것을 다 버린다. 이 사람들은 마음 가운데 부정이 가득 차고 생각 가운데 편협이 차고 행동 또한 야비한 사람들이다.

목회선상에서 두 종류의 성도들을 만나게 된다. 베뢰아 사람처럼 신사적인 성도가 있는가 하면, 데살로니가 사람처럼 거칠고 야비한 성도도 있다.

베뢰아 사람 같은 성도가 그립고, 신사적인 베뢰아 사람 같은 성도가 많은 교회는 은혜로운 교회이다.

13. 찬송의 사람

인간은 누구나 안정된 사회, 안정된 가정, 안정된 직장 등 여러 생활 속에서 안정을 갈망한다. 이 안정감을 누리고자 하는 것은 인간의 본능이다. 인간의 불안도 여러 가지이다.

나는 돈이 적다, 힘이 없다, 건강이 나쁘다, 직장이 시원치 않다 하여 낙망하고 불안하고 염려하며 모든 환경과 조건을 불행한 것으로 여긴다.

낙망과 불안을 오히려 찬송으로 바꾸는 것이 참된 신앙의 원리이며 힘이 된다.

신앙인은 찬송의 사람이 되어야 한다. 인생의 삶에서 최대의 원수는 낙망이다. 지금 우리는 무엇을 낙망하고 있는가?

육체의 질병의 고통으로 두려워하고 불안해하며 낙망한다. 경제적인 악조건으로부터 불안해하며 조급하게 생각하며, 지나친 염려로 불안과 불평이 마음에 가득 차고 낙망한다.

직장의 진급이 안되고 보수가 너무나 적어서, 또한 자리가 마음에 들지 않아서, 직장의 장래가 별 볼일 없을 것 같아서, 자신의 나이를 생각하고 가능성을 생각하며 낙망한다.

인간의 최대의 불행은 낙망을 이기지 못함이다.

환난 중에 낙망하고 고통 중에 낙망함을 이기지 못하고 오히려 낙망의 포로가 되기 쉽다.

신앙인은 낙망할 수 있는 환경에서도 하나님을 바라보고 찬송하는 사람이 되어야 한다.

찬송의 사람은 낙망을 소망으로, 역경에서 승리로 이끌 수 있는 능력이 있다. 하나님이 힘을 주신다.

신학자 부르너는 "우리는 과거에는 믿음에 의해 살았고 현재는 사랑에 의해 살며 미래에는 소망에 의해 산다"고 했다.

신앙인은 미래의 소망을 바라보고 찬송하며 살 수 있다.

찬송의 사람은 하나님을 바라보고 소망 중에 살아간다.

시편 33편 18-20절에 "여호와는 그를 경외하는 자 곧 그의 인자하심을 바라는 자를 살피사 그들의 영혼을 사망에서 건지시며 그들이 굶주릴 때에 그들을 살리시는도다 우리 영혼이 여호와를 바람이여 그는 우리의 도움과 방패시로다"라고 했다.

본문에서 보면 여호와를 바라본 자는 1) 저희 영혼을 사망에서 건지시고 2) 저를 기근의 때에 건지시며 3) 인간의 도움이며 지키시는 방패시라고 했다.

영혼을 구원해 주시고 기근에서 건지시고 지키시며 방패가 되시는 하나님을 찬송해야 한다.

찬송의 사람은 어떤 환난과 기근에서도 지켜주신다.

환난과 기근에서도 오히려 찬송해야 한다. 호화찬란하고 부귀영화로 가득 차 있는 영광 권세가 있을지라도 인간의 고통이 오고 괴로움이 오며 걱정이 생기고 근심이 올 때, 하나님을 바라고 찬송하면서 하나님을 의지해야 한다.

한숨 대신 찬송으로 성령께 위로받고 염려 대신 기도로 용기를 내고, 낙망 대신 하나님의 능력을 바라고 절망 대신 행동으로 움직여야 한다.

다윗은 사울에게 쫓기면서 성전에 나아갈 날을 기다리고 눈물을 음식처럼 마실 만큼 슬펐던 것이다.

지난날 성일을 지키던 것을 생각하면 속이 상하도록 쫓기는 몸이었다. 그래도 "찬송하리로다"라고 신앙고백을 했다. 성도의 승리생활은 바울과 실라를 통해서도 알 수 있듯이, 감옥과 죽음의 초조함 속에서도 기도와 찬송이 그들을 자유롭게 했다.

찬송의 사람은 염려와 근심을 이기고 기도와 찬송으로 승리할 수 있다. 찬송의 사람은 하나님께 영광 돌리고 승리의 삶을 살 수 있다.

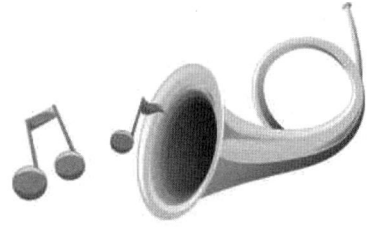

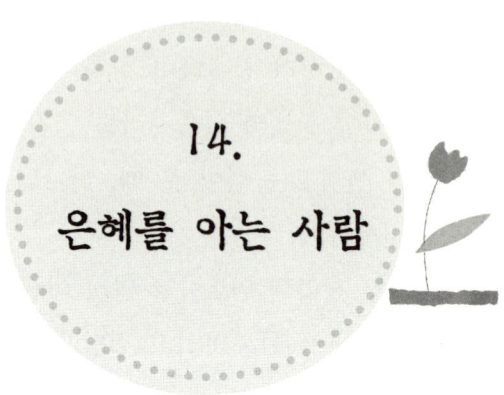

14. 은혜를 아는 사람

은혜를 안다는 것은 귀한 일이다. 자녀는 길러주시기 위해 희생하신 부모님의 은혜를 알아야 하고, 제자는 스승의 은혜를 잊지 말아야 하며 성도는 목사의 은혜를 깨달아야 한다.

세상에 모든 생명이 있는 동물들에게까지 은혜를 아는 것이 도리인 것 같다.

전북 남원 오수에는 '충견비'가 있다고 한다.

그 비석의 내력은 어떤 주인이 술에 취하여 쓰러져 잠들어 버렸는데, 마침 불이 나서 주인이 불에 타 죽게 되었다.

그때 그 주인의 개가 자기 몸에 물을 적셔서 주인 곁에 뒹굴어, 불길이 오지 못하게 막다가 주인을 살리고 그 개는 지쳐서 목숨을 잃고 말았다.

이 은혜를 보답할 줄 아는 의로운 개를 후세에 교훈을 주기 위해서 비석을 세웠다는 것이다.

미물인 짐승까지도 은혜를 갚을 줄 안다. 그런데 인간은 종종 배반하고 배신하여 인간됨을 부끄럽게 한다.

이사야 선지자는 "소는 그 임자를 알고 나귀는 그 주인의 구유를 알건마는 이스라엘은 알지 못하고 나의 백성은 깨닫지 못하는도다"(사 1:3)라고 탄식했다.

가룟 유다는 3번씩이나 생사를 같이했던 선생 예수님을 오로지 자기 유익을 위해서 은 30냥에 원수에게 팔아서 죽게 했다(마 27: 3).

은혜를 모르는 사람을 가리켜 개나 짐승만 못하고 금수만도 못하다고 말한다.

필자의 경우에도 자기 자녀를 중매해서 결혼 주례해 주고 취직자리 알선하여 평생 직장 만들어 주어 잘살게 하여 주었더니, 그 집안이 온통 목사 배척운동에 앞장서고 교회에서 암초 역할을 하는 것을 보았다.

셰익스피어는 은혜를 모르는 자식을 두는 일이 독사에게 물리는 것보다 더 고통스럽다고 했다.

우리 모두는 하나님의 은혜를 입고 사는데 그 은혜를 아는 사람이 되어야 한다.

우리의 생명을 창조해서 살게 하신 은혜요, 우리가 살면서 죄로 하나님의 진노를 받아서 멸망할 수밖에 없을 때 죄 없으신 예수님이 희생의 십자가에서 피 흘리심으로 죄를 씻어주시고 다시 구속해 주신 은혜요, 영원한 생명을 주시고 천국 백성 되게 했으니 이것은 하나님의 절대 은혜이다.

하나님이 베푸신 은혜를 배반하는 자가 되어서는 안된다. 하나님의 은혜를 아는 사람이 되어야 한다.

어떤 사람이 에어니안 왕에게 하프 하나를 선물했는데 이 하프는 바람이 불 때만 좋은 소리를 낸다.

왕은 좋은 소리를 듣기 위해 바람 부는 창 밖에 걸어 두었으나 봄이 되고 여름이 되어도 소리는 나지 않았다.

그런데 어느 날 잠결에 아름다운 하프 소리가 들렸다. 기뻐서 보니 창밖에 찬바람이 불고 흰눈이 내리고 있었다. 그런데 이 하프는 겨울바람에만 아름다운 소리를 냈다.

인생의 찬바람이 불어 올 때 애절한 부르짖음과 영감에 찬 찬송 소리가 들린다.

우리가 슬픔과 고난과 절망을 주님의 이름으로 평화와 용기와 능력으로 바꾸어서 승리하는 것이 성도들의 모습이다.

주님의 은혜를 깨달은 사람은 주님을 위해 고통도 이길 줄 안다.

우리는 하나님의 은혜를 아는 사람이 되어야 한다.

15. 삶의 지혜가 있는 사람

인간의 제일 문제가 되는 것은 자기 자신에 대해 망각해 버리는 일일 것이다.

 기회 있는 대로 자기 자신을 생각하고 자기 자신의 신앙으로 진단해 보아야 한다.

 고린도후서 13장 5절의 말씀대로 "너희는 믿음 안에 있는가 너희 자신을 시험하고 너희 자신을 확증하라"고 했다.

 지금까지 우리의 삶이 믿음 안에서 살고 있는지 돌아보는 것이 중요하다. 바른 인생관을 가지고 살며 삶의 지혜가 있는 사람이 되어야 한다.

 하나님을 경외하고 그 도를 지켜 사는 사람이 삶의 지혜가 있는 사람이다.

 미국의 백만장자였던 제이 골드는 셀 수 없는 많은 돈을 가진 사람이었으나, 그의 임종 시에 "나는 내가 이 세상에서 가장 불행하고 비참한 사람이라고 생각한다."고 말했다.

"젊음은 과오이고 장년은 투쟁이며 노년은 후회다."라고 말한 사람도 있다.

하나님이 없는 사람은 영웅이나 학자이거나 부자이거나 그 인생의 종말은 후회와 절망으로 탄식했다.

하나님을 믿는 성도에게는 사는 이유가 있다.

삶의 목적이 있다. 삶의 행복이 있다.

우리는 하나님이 주신 삶의 가치를 성실하게 진실하게 만들어 가야 한다.

세상에서 사는 생명은 맛보기에 불과하다.

세상에서 고난·고통의 삶에 비례하여, 영원한 천국의 삶이 얼마나 아름다운 것인가를 설명할 경험이 될 것이다.

쓴것을 먹어야 단것이 얼마나 좋은 것인 줄 안다. 범사에 감사할 줄 아는 신앙이 필요하다.

세월을 아끼면서 사는 생활이 필요하다.

우리 믿는 사람이 천국에 가서만 살기를 원할 것이 아니라, 이 세상에서 사는 동안 천국 백성답게 살아야 한다.

예수님처럼 살아가도록 기도해야 한다. 우리의 죽음·고통·핍박·절망, 이런 것은 결국 이 세상에서 사는 동안 인간이 당하는 절망이다.

그러나 우리 성도는 이것을 통해서 죽음을 승리하여 영원히 살게 되고 고통이 변하여 행복이 되는 것이며, 절망이 한없는 소망으로 변하는 것이 성도의 승리인 것이다.

과거는 후회 없이 살고, 현실은 사명과 책임을 다하면서 살고, 미래는 하나님의 나라에서 상급받는 인간으로 살아야 하는 것이 삶의 슬기이다.

에베소서 5장 16절에 "세월을 아끼라 때가 악하니라"고 했다.

악한 때에 하나님께 영광을 돌리는 삶을 사는 지혜가 있어야 한다. 이런 사람이 복 있는 사람이요 성공한 사람이다.

16. 복 있는 사람

> 그는 시냇가에 심은 나무가 철을 따라 열매를 맺으며 그 잎사귀가 마르지 아니함 같으니 그가 하는 모든 일이 다 형통하리로다"(시 1:3).

푸른 인생은 행복한 인생이며 축복받는 인생이다.

'시냇가에 심겨 있는 나무는 항상 푸르고 항상 성장하고 항상 꽃 피고 항상 계절 따라 열매를 맺는다.'

우리 인생이 항상 푸른 나무처럼 살려면 어디에 서야 하며, 어떤 곳에 있어야 하며, 어떻게 살아야 하는가를 알아야 한다.

복 있는 사람이 되려면 어떻게 살아야 하나?

복 있는 사람은 시냇가에 심은 나무처럼 살아야 한다.

"그는 시냇가에 심은 나무가 철을 따라 열매를 맺으며"(3절)라고 했다. 사막에 심긴 나무는 금방 말라져서 죽어버릴 것이다. 물줄기에 잘 닿아 있는 나무는 잘 성장하고 건강하고 푸르고 풍성한 열매를 맺을 수 있다.

인생도 빈곤하고 빈약하고 야박스런 풍토 위에 인생의 뿌리를 밟고 살아간 사람은 그의 인생이 피어나지도, 성장하지도, 영육 간에 건강하지도 못할 것이다.

푸른 인생이 되려면, 성장하고 과실 맺는 인생이 되려면, 생명의 피이며 생명의 물이며 생명의 양식이 되는 '여호와의 율법', 하나님의 말씀에 인생의 뿌리를, 신앙의 뿌리를 내리면 바르게 풍성하게 강건하게 탐스럽게 찬란하게 열매 맺고 꽃피고 영원토록 푸른 인생이 되는 것이다.

푸른 인생을 사는 사람은 복 있는 사람이다.

복 있는 사람은 시절을 좇아 과실을 맺는 인생이다.

인간은 노력의 결과 땀 흘리는 대가가 나타나야 하고, 투자한 만큼의 이윤이 생기는 것이 성공이고 복이고 행복이 되는 것이다. 나무는 비를 맞고 물을 먹고 자란다.

인생은 하나님의 은총을 받아야 살아가게 되어 있다.

우리 독자는 은혜의 과실을 맺어야 건강하고 잘 성장하는 것이다.

말씀을 들으면 어떻게든지 실천하여 좋은 결과를 맺고, 기도하면 하나님의 풍성한 은혜를 받고, 헌신했으면 결과가 하나님의 뜻에 맞도록 열매를 맺는 것이 신앙 성공 · 인생 성공 · 사업 성공이 되는 것이다.

나무가 햇빛을 받아야 싱싱하고 푸르고 잘 자라고 꽃 피우고 열매를 맺는 것처럼, 예수 그리스도의 광선을 받아야 한다. 복 있는 사람은 행사가 다 형통하게 되는 것이다.

"그가 하는 모든 일이 다 형통하리로다"(3절).

푸른 나무와 같이 하나님의 은총이 심어진 인생이고, 그의 인생은 하나님의 은총에 의해 성장한다.

그의 행실은 유익되고 번성하는 과실이 될 것이다. 그는 어디로 가든지 형통함을 말하고, 그의 사업은 손상되거나 망하지 않는다는 것이다.

그는 말씀으로 단장이 되었고 은총을 받고 사는 사람으로, 다시는 죄악에 물들지 않고 사탄에게 조롱당하지 않고 어디든지 분간하여 행동하고, 어떤 곳에든지 혼합되지 않고 죄에서 벗어나서 인생이 평안해 신앙이 만사형통하여 풍성한 과실을 맺는 생활의 승리로 이루어질 것이다.

예수를 알고 전했던 사람들이 당시에는 무력한 것 같으나 바울이나 베드로, 모세 같은 사람은 복음의 능력으로 푸르고 늙을 줄 모르고 쇠할 줄 모르는 푸른 인생을 산 사람들이다.

푸른 인생을 산 사람들은 복 있는 사람들이다.

17. 자유의 사람

인간의 가장 중요한 기본권은 자유이다. P. 헨리라는 사람은 "나에게 자유를 다오."라고 절규했다.

인도의 간디는 20여 년간 영국의 속박에서 벗어나기 위한 '비폭력 무저항'이란 국민운동으로 자유를 찾았다.

미국의 마틴 루터 킹 목사도 흑인의 인권을 찾기 위해 백인과의 무저항 운동을 했다.

이스라엘은 430여 년간 애굽의 속박에서 벗어나는 투쟁을 했다. 예수님 당시에도 로마의 식민지가 된 이스라엘을 해방시키기 위한 운동이 거세게 일어났다.

일제 36년간 우리도 일본의 식민 치하에서 자유를 위해서 싸웠다. 현재 지구 곳곳에서 일어나는 모든 운동은 자유이다. 평등이다. 공존이다.

T. 만이라는 사람은 자유와 평등이란 말에서 자유란 불멸의 이념으로서 그것은 시대의 정신과 함께 진부해지거나 사멸하지 않는다

고 말했다.

　J.P. 사르트르는 "사람은 자유이다. 사람은 자유 그 자체이다."라고 말했다. 그러나 성경은 참 자유란 죄와 죽음에서 벗어나는 것이 참자유라고 한다.

　이 자유는 참 진리에서부터 온다고 한다. 자유의 사람은 자기 자신으로부터 자유로워야 한다.

　자기의 환경으로부터 자유를 받아야 한다. 인간은 환경으로부터 느끼는 비교 심리가 있다.

　옷을 잘 입는 사람에게 가면 자신의 초라함을 느낀다. 부자 곁에 가면 자신의 가난을 심하게 느낀다. 노래 잘하는 사람과 함께 있으면 음치인 자신의 열등의식을 느낀다.

　우리 인간이 감정의 노예가 되면 자신은 포로로 전락한다.

　자기감정으로부터 자유함을 받아야 한다. 사람이 쉽게 흥분하고 쉽게 행동을 하고 쉽게 말을 해버리면 자기 스스로 인격을 전락시켜 버린다.

　자기의 행동으로부터 자유를 받아야 한다. 사람은 신앙으로든지 교양으로든지 자기 성격을 교정받아야 한다.

　육신적인 결함보다 정서적 결함, 행동의 질서가 파괴되면 속박을 받는다.

　윌리엄 제임스의 말과 같이, 사고가 바뀌면 행동이 바뀌고 행동이 바뀌면 습관이 바뀌고 습관이 바뀌면 인격이 바뀌고 인격이 바뀌면 운명이 바뀐다는 것이다.

　자기 자신이 자유를 얻으려면 자기를 치료받아야 한다.

쉽게 분노하고 거칠게 행동하고 쉽게 남을 오해하고, 쉽게 판단을 해버리면 자기를 치료받아야 한다.

그렇지 않으면 자신이 미워하는 무서운 결과가 언제나 따라온다.

바울은 오만하고 독선적이고 지나치게 살인적인 행동을 하는 냉혈동물과 같은 사람이었지만, 예수님의 말씀인 진리를 받음으로 인류의 양심, 인류의 신앙선생, 저술가, 용기 있는 선교사, 권능 있는 사람이 되었다.

바울은 복음으로 자유의 사람이 되었다. 로마서 8장 13절에 "너희가 육신대로 살면 반드시 죽을 것이로되 영으로써 몸의 행실을 죽이면 살리니"라고 했다.

육신대로 산다는 말은 육신생활을 떠나야 한다는 것이 아니다.

우리는 세상에 사는 동안은 육신을 가지고 살아야 한다. 육신생활이란 하나님의 말씀을 떠난 삶을 말한다.

그리스도인의 최고의 승리, 최고의 자유는 죄를 이기고 사망을 벗어나서 구원을 받는 것이다. 진리가 자유케 한다. 진리를 따라 사는 사람은 자유의 사람이다.

18. 환난을 당하나 담대한 사람

이 세상에는 배신과 야속한 사건들이 날마다 시간마다 분초를 다투어 인생의 주변에서 계속 일어나고 있다.

환난이란 말은 '누르다, 압박하다'라는 의미를 지닌 말이다.

대표적인 환난을 당한 사람은 욥이다. 욥은 수천 재물이 삽시간에 사라져 버리는 재앙을 당했다.

욥의 10자녀가 집이 무너져 압사당하고, 자신은 건강을 잃어버리고 나병의 일종인 피부병을 앓고 아내가 멸시하고 조롱하는 불신앙의 형편이었고 친구들이 경멸하고 조롱을 하게 되었다.

인간으로서는 언제나 당하는 고통이요 환난이다.

자연적인 환난으로 기근이나 전염병이나 우연한 교통사고로 생명을 잃어버리는 것이요, 우여곡절, 이름도 뜻도 생각도 못한 것이 환난이 되어서 엄습해 온다.

그러나 환난을 당하나 담대해야 한다.

예수님께서는 악을 이기셨고 죽음을 이기셨고 환난을 이기셨으니 우리도 이긴다는 확신이 있어야 한다.

예수님은 인류를 구속하시려고 십자가를 지시고 담대히 죽으신 것이다. 그의 죽음이 구원이 길이 아니라면 젊은 나이에 죽은 예수는 용기 있고 의리가 있고 사랑을 했다 해도 불쌍한 죽음일 것이다.

그러나 분명한 것은 구원의 도를 성취한 죽음이었다. 그러기에 위대하고 존귀한 것이다.

바울이 생명을 걸고 세상의 모든 것을 분토처럼 여기고 버릴 수 있었던 것은 예수님보다 더 좋은 것은 없고 예수보다 더 귀한 것이 없으며, 예수보다 더한 목적이 없기에 일생을 그리스도에게 바쳐 버린 것이다.

"우리가 살아도 주를 위하여 살고 죽어도 주를 위하여 죽나니 그러므로 사나 죽으나 우리가 주의 것이로다"(롬 14:8).

바울 사도는 환난을 당하나 담대한 믿음으로 환난을 이긴 사람이다.

요한복음 16장 33절에서는 주님께서는 "환난을 당하나 담대하라 내가 세상을 이기었노라"고 하셨다. 세상의 곤고·핍박·기근·적신·위험·칼의 위험에서도 이겨야 한다.

마귀를 이기고 모든 악을 이겨야 한다.

환난을 당할 때 담대한 사람이 아니면 세상을 이길 수 없다.

안이숙 여사는 평양 감옥에서 일제와 투쟁할 때 "하나님을 위해 생명을 하나만 바치니 억울하다. 두 개라면 다 바칠 터인데…."라고 고백했다고 한다.

안이숙 여사는 주안에서 담대한 사람이었다.

성경에 나타난 인물 중에 모세는 쫓기는 사람이나 민족의 대이동의 인도자로, 하나님의 사람으로 환난을 지도자의 기량으로 바꾸어 승리한 사람이다.

요셉은 애굽 감옥에서 정치훈련·인생수련을 쌓아 애굽의 총리로 축복을 받은 사람이 되었다.

야곱은 욕심 때문에 환난을 당하나 얍복 강가에서 회개하고 인생의 환난을 통하여 하나님의 사랑을 더한층 받은 사람이 되었다.

다니엘은 바벨론의 기름가마와 사자굴 속에서 환난을 이기고 바벨론의 총리가 된 사람이다.

누구나 인생 여정에서 환난을 당한다. 환난을 당하나 담대한 사람은 환난을 이기고 하나님의 축복을 받을 수 있다. 환난을 이기는 사람이 되자.

19.
사랑의 사람

사람들은 모두가 사랑받기를 좋아하고 있다. 어린아이에서부터 나이 많으신 어른들에게까지 사랑받는 것을 좋아하고 있다.

사랑받는 것은 좋아하나 사랑을 베푸는 것은 쉽지 않다.

그리스도인은 선한 사마리아 사람처럼 사랑의 사람이 되어야 한다.

사랑은 형체도 없고 무게도 없으나 그 나타나는 힘은 엄청난 것임을 알 수 있다.

사랑이란 방대한 진리요, 무궁무진한 보배요, 측량할 수 없는 은혜이기에 성경에서 하나님은 사랑이라고 표현했다.

하나님을 아버지로 믿는 성도는 하나님의 사랑을 본받는 사람이 되어야 한다.

사랑의 특성을 살펴보면 사랑은 강한 것이다. 인간세계는 사랑에 의해 움직이는 것이다.

부모의 사랑, 남녀 간의 사랑, 친구 간의 사랑, 죽으면서도 버리지 못하는 조국에 대한 사랑도 있다.

인간에 대한 하나님의 사랑은 자기 자신이신 그리스도께서 물과 피의 생명을 쏟아 사랑을 입증하셨다.

우리도 하나님의 사랑처럼 생명을 바칠 수 있는 뜨거운 사람이 되어야 한다.

사랑은 깨끗한 것이 특성이다. 사랑은 어떤 물건처럼 살 수도 없고 팔 수도 없으며 어떤 뇌물로도 매수할 수 없는 비매품이다.

사랑 자체는 깨끗하고 성결하나 인간들이 더럽고 부패한 것이다.

사랑의 사람은 누가복음 10장 25-37절까지를 보면 선한 사마리아 사람의 이야기가 나온다.

예루살렘에서 여리고로 내려가는 산골 골짜기에 강도를 만난 한 사람이 가진 것을 다 빼앗기고 많은 상처를 입고 신음하고 있었는데, 그때 당시의 지도자였던 제사장, 레위 사람이 이 광경을 보고 그냥 지나쳐 버렸다.

그런데 사마리아 사람이 이 상황에서 자기의 모든 것을 투자하여 그 불쌍한 사람을 구해주는 내용이 나온다.

예수님은 인간을 사랑하셔서 하늘의 영광을 버리시고 이 땅위에 오셔서, 물과 피와 생명을 다 쏟아 실천적 사랑을 보이신 사랑의 화신이다.

이 사랑을 받은 우리 그리스도인들은 선한 사마리아 사람처럼 사랑의 사람이 되어야 한다.

사랑의 사람은 희생한다. 자기를 내어준다.

아무런 대가를 바라지 않는다.

"네 원수가 배고파하거든 음식을 먹이고 목말라하거든 물을 마시게 하라 그리 하는 것은 핀 숯을 그의 머리에 놓는 것과 일반이요 여호와께서 네게 갚아 주시리라"(잠 25:21-22)고 말씀하셨다.

이 말씀대로 행하는 사람이 사랑의 사람이다.

사랑은 생활의 근본이요 원리이다. 기쁨과 행복의 열쇠이다. 사랑을 가지고 결혼하면 행복한 것이다.

사랑을 가지고 일을 하면 불평과 짜증은 없어지고 소망과 기쁨과 영광이 있는 것이다.

사랑의 사람이 되어 누구에게나 그리스도의 사랑을 실천하고, 우리의 가슴 속에 그리스도의 사랑이 흘러넘쳐 나와 아름다운 결실을 맺는 삶을 살게 되고 세상을 아름답게 만들 수 있다.

이런 말이 있다. '다른 사람을 용서할 수 없는 사람은 자신이 천국에 갈 때 건너가야 할 다리를 부수는 사람이다.'

이는 누구나 용서받을 필요가 있기 때문이다.

용서의 사람은 그대를 천국에 갈 수 있게 다리를 놓아주는 역할을 한다.

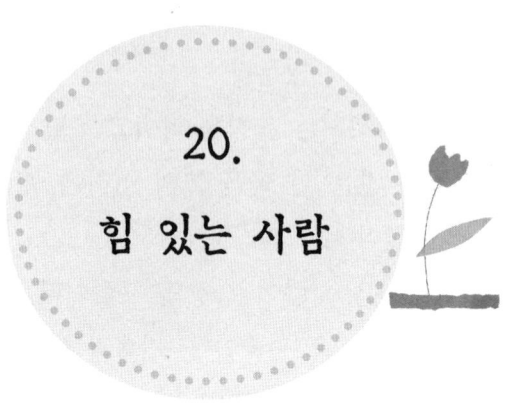

20. 힘 있는 사람

세상 속에서 사는 동안 힘이란 대단한 역할을 감당하는 것을 알 수 있다.

동물의 세계 속에서 보면 생존의 수단인 약육강식이 치열한 것을 볼 수 있다. 인간세계에서도 보면 물리적인 힘, 경제적인 힘, 권력의 힘이 대단하게 작용되는 것을 볼 수 있다.

힘은 능력을 뜻한다. 지금의 시대는 힘의 시대이다. 힘이 없으면 살 수 없는 세상이다. 힘이란 개인적으로도 필요하고 국가적으로도 필요하며, 특히 신앙적으로도 필요하다.

영국의 러셀은 세 가지 힘에 대해 논하였는데, 첫째는 물리적인 힘, 둘째는 경제력, 셋째는 영력이라고 했다.

물리적인 힘은 생존경쟁이 치열한 이 세상에서 기어이 살아남기 위해서는 물리적인 힘이 있어야 한다는 것이다.

그런데 이런 물리적인 힘은 사람에게만 필요한 것이 아니라 동물계·식물계에서도 필요한 것이다. 포도 송이가 50알맹이쯤 익었다고 한다면, 그 절반 이상은 자연 도태되어 떨어져 버렸고, 힘이 있어 자란 알맹이들만 열매를 맺게 되었다는 것이다. 그래서 식물계에도 심한 경쟁을 한다는 것이다.

그런데 인간 세계는 더 심한 것을 볼 수 있다. 장사를 하거나 직장에 다니거나 어떤 일을 할지라도 힘으로 경쟁하는 세계이다. 선의의 경쟁도 힘이 있어야 이기고 때로는 불의한 물리적인 힘으로 상대를 어렵게 하고 고통스럽게 하기도 한다. 인간 세계에는 물리적인 힘도 필요하나 경제적 힘은 더 필요한 시대이다. 돈의 위력이 얼마나 큰가? 사람 나고 돈 난 것이 아니라 돈 나고 사람 난 것 같은 세상이다.

대기업·대국가·대군력·대군중을 움직이는 힘이 돈이다.

아무리 많이 배우고 잘났어도 돈이 없으면 무식한 금력자의 지배를 받는 것이 지금의 현실이다.

병원 응급실에서 급한 환자가 돈이 없어서 수술을 받지 못하고 죽어가는 딱한 실정을 접하고, 맘을 졸이고 가슴 아파하는 때가 있다. 전쟁의 승패도 돈에 좌우되는 것이다. 경제력이 있는 군대는 신무기를 개발하여 사용하나 경제력이 없는 나라의 군대는 옛날 재래식 무기로 전쟁을 하니 승리할 수 있겠는가?

돈의 위력을 중요시 하는 사람들은 황금만능주의를 부르짖고 있음을 우리는 볼 수 있다. 그러나 무엇보다도 그리스도인들에게는 영력이 있어야 한다.

영력이란 신앙의 힘을 말하는 것이다. 정신력을 말한다.

오직 성령의 능력을 받아야 한다. 시편 기자는 "여호와여 주는 우리 아버지시니이다 우리는 진흙이요 주는 토기장이시니 우리는 다 주의 손으로 지으신 것이라"(사 64:8)고 하였다.

하나님은 우리를 지으신 아버지시요 우리는 그의 아들딸들이니 하나님과 우리의 사이는 1촌 간이 되는 것이다. 그러므로 힘과 능력을 우리에게 주신다. 지금 우리가 사는 세상은 영력이 아니고는 세상을 감당할 수 없는 세상이다. 유명한 엘리사 선지자는 엘리야 선생님의 뒤를 감당하기 위하여 갑절의 영력을 필요함으로 그 힘을 받아서 주신 사명을 감당하였다.

지금 우리의 시대는 엘리사 선지자 때보다 7배는 더 악한 시대이므로 영력이 7배나 더 필요한 시대이다.

하나님이 주시는 영력의 힘으로 세상을 이기는 믿음의 사람이 되자.

21. 성경의 사람

세상에 사는 동안 인생의 삶을 바른 방향으로 인도하고, 영원한 생명을 소유하며 축복받는 삶은 성경대로 사는 사람, 성경의 사람이다.

성경은 세계에서 가장 큰 책이요 또한 제일 귀한 책이다. 그 이유는 그 속에 구원과 영생이 있기 때문이다. 성경의 사람은 성경 말씀대로 순종하여 살므로 구원과 영생을 얻는 사람이다. 마가 요한의 다락방에서 시작한 기독교가 전 세계를 감화·감동시킨 그 힘은 바로 성경의 능력에 있다.

성경 말씀을 믿음으로 받는 사람의 마음마음마다 변화를 주고, 새 힘과 새 용기를 주고 새 비전을 주는 것은 복음의 능력 때문이다. 세계에서 성경만큼 많은 사람들에게 영향을 끼친 책이 없다. 성경은 만남의 책이다. 성경의 사람은 만남을 잘한 사람이다. 거룩하신 하나님을 만난 사람이기 때문이다. 인간의 행복은 잘 만남에서 이루어지는 것이다.

이 세상의 비극은 잘못 만남 때문에 일어난 것이다. 성경은 만남의 책이다. 그 만남은 하나님과의 만남이다.

빌립이란 제자가 하나님을 보여달라고 예수님께 간청하였다. 이것은 빌립만의 요구가 아니라 인류 전체가 원하는 질문이며 우리 기독교가 대답해야 할 과제이다. 성경은 하나님을 소개하고 하나님을 만날 수 있게 하는 신비로운 책이다. 우리 인간이 하나님을 만날 때 영생의 복을 얻게 되며 고아가 부모를 만나는 것같이 인생의 구원을 만나게 되는 것이다. 성경은 예수님과 만나게 한다. 성경의 사람은 예수님을 만난 사람이다.

삭개오는 뽕나무 위에서 예수님을 만난 사람이고, 베드로와 요한, 야고보, 예수님의 제자들은 갈릴리 바다에서 예수님을 만남으로 구원을 받았고, 제자가 되고 사도가 된 사람이다.

막달라 마리아는 일곱 귀신 들렸던 여인인데 예수님을 만남으로 새 인생을 살았고, 영생을 소유한 사람이다. 예수님을 만남으로 운명이 바뀐 사람들이다.

우리는 성경의 사람이 되어야 한다. 그래야 변화되고 새로워지며 운명을 바꾼 사람이 된다.

성경은 사람을 온전케 하는 능력이 있다. 성경의 사람은 온전케 된다. 하나님의 사람으로 온전케 되며 모든 선한 일 하기에 온전케 한다고 했다(딤후 3:5). 시조 아담의 범죄 후 인간은 하나님의 형상을 잃은 상태이기에 늘 불완전한 상태이며 미완성품 같은 존재이다.

그러나 성경을 통하여 재창조를 받아 온전한 사람으로 회복의 역사가 일어나게 된다. 성경은 우리에게 항상 승리의 무기가 되게 한다.

신앙생활 자체는 전투인 것이다. 세상은 전쟁마당이요 성도는 전사이다.

사탄을 정복하고 세상을 이기는 무기는 성경말씀이다. 그리스도인은 성경의 사람이 되어야 한다.

성경대로 믿고 성경대로 순종하고 성경대로 경영하며 성경대로 살면 온전한 사람, 승리하는 사람이 될 수 있다. 그리스도인은 성경의 가치를 알아야 한다.

사랑하며 존경하며 애독하고 전파해야 한다. 오늘도 우리는 성경의 사람처럼 살려고 기도하고 있다.

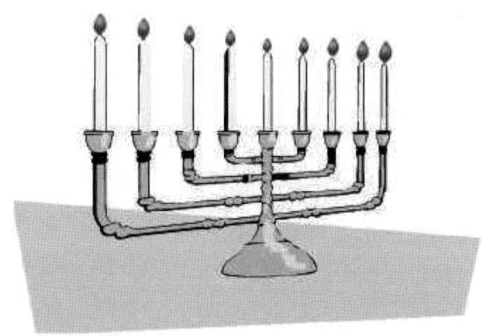

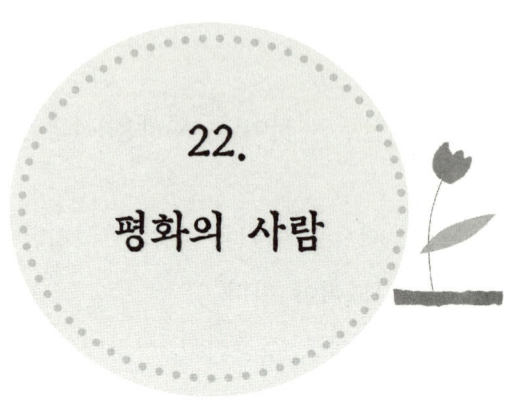

22. 평화의 사람

세상에는 전쟁과 투쟁이 끝나지 않고 사회나 개인에게도 싸움이 떠나지 않는다.

국가와 국가 간에, 민족과 민족 간에 종교와 종교 간에도 갈등과 전쟁이 계속되고, 부모와 자녀, 이웃과의 관계 속에서도 싸움은 계속되고 있다.

평화롭게 살고 화목하게 지내며 평화의 사람으로 일해 간다면 이 세상은 한결 아름답고 복될 것이다.

주님은 평화의 왕으로 이 세상에 오셨다. 누가복음 2장 14절에 보면, "지극히 높은 곳에서는 하나님께 영광이요 땅에서는 하나님이 기뻐하신 사람들 중에 평화로다"라고 했다.

예수님은 평화의 왕으로 오셔서 온 인류에게 평화를 주시며 평화의 사람이 되기를 원하셨다.

예수님을 진실하게 믿는 사람은 평화의 사람이 되어야 한다.

성경에서 말하는 평화는 평강·평안·화목 등으로 표현하고 있다. 이러한 평화의 개념은 개인 또는 집단이 육체적·정신적·물질적으로 충족된 상태와 내적으로나 외적으로 분쟁이 없는 상태를 다 함께 포함하고 있다.

이 평화는 하나님께 속한 것으로(사 45:7) 하나님이 인간들에게 주시는 은혜이다(민 6:26; 대상 23:25). 따라서 평화의 획득은 하나님과의 관계를 바르게 하는 은혜를 받은 결과에서 오는 열매인 것이다.

평화는 평안을 뜻한다. 하나님을 바로 믿는 사람은 평안의 삶을 산다. 분쟁이나 싸움이 없이 평안한 삶을 살게 된다.

평안은 조용하고 안정된 상태이며 문제로부터 해결된 상태이다.

평안은 환경적인 평안이 있고 영적인 평안이 있다.

영적인 평안은 하나님과의 관계에서 얻어지는 것을 뜻한다. 평안은 의롭게 살 때 얻어지는 것이다.

평화는 번영을 뜻하기도 한다. 시편 122편 7-8절에 "네 성 안에는 평안이 있고 네 궁중에는 형통함이 있을지어다 내가 내 형제와 친구를 위하여 이제 말하리니 네 가운데에 평안이 있을지어다"라고 하였다.

이 말씀 속에 보면 평화의 뜻은 번영의 의미를 담고 있다. 평화의 사람은 번영의 역사를 만들어 간다.

번영을 원하는 사람은 이웃과 공존·공영하려는 화평의 의식을 지녀야 한다. 이웃 사랑은 하나님을 기쁘시게 하는 것이요 공존의 삶을 통해 번영의 역사를 이루는 것이다.

성경의 평화 속에는 발전과 번영의 뜻이 포함되어 있으며, 그 번영과 발전은 의와 진리와 사랑의 법을 추구하는 삶 속에서 구현되는 하나님의 축복임을 알아야 한다.

그리스도인은 평화의 사람이 되어 공존의 삶을 성취하고 번영의 역사를 가져와야 한다.

평화는 화목을 뜻한다. 화목은 서로 친숙한 사이란 뜻이다. 온전히 하나가 되는 것을 의미한다. 우리는 하나님과 화목하고 사람끼리 화목하며 자기 자신과 화목해야 한다.

예수님은 평화의 사신으로서 하나님과 인간끼리와 인간 자아 속에까지 모든 평화를 심어주시는 분이시다.

그러므로 그리스도인들은 예수님을 마음속에, 아니 우리의 인격 속에 품고 작은 예수, 평화의 사람으로 그 역할을 잘 감당해야 한다.

23. 복음의 사람

복음이란 좋은 소식, 복된 소식이다.
복음의 사람이란 예수 그리스도의 복음의 말씀을 믿고 순종하는 사람이다.

예수의 복음을 믿으면 죄악 벗은 깨끗한 영혼이 되고, 천국의 희열과 평강을 소유하여 영광을 하나님께 돌리는 사람이 된다.

복음이란 하나님께서 예수 그리스도를 통해 우리에게 베풀어 주신 기쁜 소식을 말한다.

이는 하나님의 은혜이며 하나님의 능력으로 이루어진 것이다.

죄에 시달리던 인류에게 복음은 단비와도 같다.

특히 그리스도의 성육신과 고난과 부활이라는 일련의 장엄한 사건들은 복음의 위대함과 중요성을 보여주기에 충분하다. 복음을 믿으면 구원을 받는다.

죽음은 죄로 인한 당연한 결과이다. 예수 그리스도를 믿으면 죄에서 구원을 받고 죽음 가운데서 생명으로 옮겨 영생을 얻는다.

복음은 우리를 진실된 자유에 이르게 하며 생명의 길로 안내한다.

그러므로 복음을 믿고 구원을 받은 복음의 사람은 복음에 합당한 생활을 해야 한다.

우리가 살아갈 때 보면 자기 자신이 표준인 양 만사를 자기 표준에서 판단하고 비평하는 것을 많이 본다.

그러나 오직 복음만이 우리의 표준이다.

복음에 합당한 생활은 사랑과 의를 추구하는 생활이다. 사랑의 길을 택하는 생활을 하는 것이다. 복음진리로 거듭난 성도들은 하나님의 사랑으로 사는 존재들이다. 의롭고 선한 길을 선택하는 생활이다. 어떤 이익보다 의를 존중하는 생활이 복음에 합당한 생활이다.

이기주의를 버리고 의 자체이신 예수님을 닮기 위해 노력해야 한다.

로마제국 때 기독교인들 40명을 물속에 빠뜨려 죽이면서 사형 집행자가 마지막으로 권고했다.

"여러분, 이 시간이라도 예수 그리스도를 부인하고 황제를 숭배하며 로마의 법을 따르겠다고만 하면 살려줌과 동시에 따뜻한 가족의 품으로 돌려보내 줄 테니, 예수를 욕하고 그 물속에서 나오도록 하라."고 고함을 질렀다.

이때 한 사람이 "나는 살겠소." 하고 물속에서 나오는 순간, 로마 군인 한 사람이 하늘을 쳐다보니 천사 40명이 내려오다가 한 천사가 슬퍼하며 올라가는 것을 보고, 자기가 물속으로 뛰어들면서 "예수 그리스도를 믿겠소! 천당과 지옥이 분명히 있다!"고 외치면서 죽음의 물속으로 뛰어들었다는 얘기이다.

복음을 위해 순교한 자들에게는 의의 면류관·생명의 면류관이 준비되어 있다.

복음의 사람은 복음을 위해 순교할 수 있다. 복음의 사람은 때를 얻든지 못 얻든지 열심히 복음을 전파해야 한다.

복음은 구속의 은혜로 구원을 얻게 하는 힘이 있다. 복음의 위대한 능력은 강퍅한 사람의 마음을 폭발하는 힘이 있고 죄악을 진멸하는 힘이 있으며, 불미한 것을 개혁하고 죽었던 것을 부생시키며 환경을 정복시키고 구속의 은혜로 구원을 얻게 하는 힘이 복음에 있다.

이 복음을 의뢰하고 복음의 화신이 되어 이 복음으로 이 나라, 이 민족을 구원하는 복음의 사람이 되자.

복음의 사람은 예수님을 닮고 예수님처럼 살고, 예수님의 사상과 예수님이 분부하신 사명 따라 사는 사람을 의미한다.

우리는 복음의 사람이 되어야 한다.

24. 아멘의 사람

　'아멘'이란 말은 진실이란 뜻이요, 충성이란 뜻이고 믿음이라는 뜻도 되고 긍정·소망이란 뜻이다.

　우리 기독교는 아멘의 종교이다. 예수님 자신이 아멘이시기 때문이고, 기독교 신앙은 아멘이 토대가 되기 때문이다.

　그리스도인은 아멘의 사람이어야 한다. 아멘 없는 성도는 불신앙의 사람이요 불순종의 사람이다. 아멘의 사람은 진실한 신앙의 사람이다.

　하나님과 예수님의 본질이 진실이시니 우리 성도의 신앙도 진실해야 한다.

　성경말씀을 아멘으로 받아들이고 믿고 실천하여 말씀 그대로 사는 진실한 사람이다.

　진실한 사람은 하나님이 사랑하시고 인정하시며 귀하게 여기신다. 아멘의 사람은 절대 순종의 신앙을 가졌다. '예' 하고 '아니라' 함이 없노라고 했으니, 주님의 말씀에 이유 없이 오고 '예' 하고 따름이 아멘의 신앙이다.

신앙인은 아멘의 사람이어야 한다. 말씀에 까닭을 붙이고 이유를 가하며 걸림돌이 되어서는 안된다.

언제나 아멘의 사람으로 주의 뜻이라면 그대로 행하겠다는 긍정적인 신앙으로 살아야 한다.

아멘의 신앙만이 하나님께 영광을 돌릴 수 있다. 우리의 신앙은 하나님께 영광 돌리는 신앙이어야 하며 아멘의 사람만이 적극적이며 능동적인 신앙으로 하나님의 모든 약속에 대해서 조금도 의심하거나 믿음이 약해지지 아니하고 약속하심을 확신하는 신앙이다.

입술로는 아멘한 후 생활에는 노멘을 하면 위선자요 신앙인이 아닌 것이다.

교회에서는 성도들이 아멘하는데 세상에서는 노멘하는 삶을 살아, 주님의 마음을 아프게 함을 얼마나 많이 보고 있지 않나?

성도는 교회에서나 세상에서나 어디에서든지 아멘의 사람이 되어야 한다. 아멘에 인색하고 아멘에 흉년이 들었다면 잘못된 신앙이다.

'예' 하는 절대적인 순종이 교회 내에서 보기가 좋다. 그들의 신앙은 하나님을 절대주의로 믿고 하나님의 뜻을 따라 열심히 살고 모든 이에게 감동을 주며 주의 나라 건설에 크게 이바지한다.

우리 기독교는 아멘의 터 위에 세워진 종교이다. 하나님이 아멘이시요(사 65:15), 예수님이 아멘이시요(레 3:16; 요 14:6), 하나님의 말씀이 아멘이시다.

아멘의 사람은 진실을 생명으로 알고 지키며 나아가는 신앙의 사람이다. 진실은 정직이요 진리요 참이요 생명인 것이다. 세상이 악하면 악할수록 우리 성도들은 진실해야 하고, 생활이 가난하면 가난할수록 진실하고 정직하고 신용이 있어야 한다.

신용은 자본이라는 말도 있고 거짓의 친구보다는 원수가 더 낫다는 말이 있고, 백의 친척보다 진정한 친구 한 사람이 낫다는 말이 있다. 너무 정직해서 곤란한 법은 없다.

정직한 자는 하나님의 귀한 작품이다. 가짜 정치인·가짜 박사·가짜 장로·가짜 목사까지 생기는 세상에서, 그리스도인들은 진정 아멘의 사람으로 신용 있는 사람이 되어야 한다.

25.
예배의 사람

교회 안에서 예배드리는 것이 신앙인의 바른 자세이다. 예배 이외에 그 무엇이 우선이 되어서는 안된다.

예배는 등한히 하고 식사하는 일에 관심을 갖고 자기 이름 내는 일에 혈안이 된 사람들을 종종 보게 된다.

진정한 신앙생활은 예배를 귀중히 알고 신령과 진정으로 예배를 드림으로부터 시작되는 것이다.

그러므로 예배는 신앙인의 알파와 오메가인 것이다. 그 이유는 예배는 이 지상에서부터 천국에 가서도 영원히 이어지는 것이기 때문이다.

예배란 자신을 굽혀 경의를 표한다는 뜻이다. 피조물이 창조주 하나님께 최대의 영광을 돌리는 행위로서 신령과 진정으로 하나님께 경배하는 것이며, 이 행위를 통하여 우리 자신을 산제물로 드리는 것이다.

예배의 사람은 경건한 사람이요 거룩한 사람이며 자신을 하나님께 산제물로 드린 사람이다.

하나님은 예배하는 자를 찾으시고 신령과 진정으로 예배하라고 하셨다.

예배의 목적은 성삼위 하나님께 찬송과 감사와 영광을 돌려 드리는 데 있으며, 하나님의 긍휼과 은총과 복을 힘입는 데 있다.

하나님과 영적인 깊은 교제를 통하여 우리 자신이 정화되는 데 그 목적이 있다.

하나님과의 인격적인 만남이 예배의 목적이다.

예배의 사람은 인격적인 사람이다. 하나님과의 인격적인 만남이 있는 자는 인격을 갖춘 사람이 된다.

세상에서는 물론이고 교회 안에서도 비인격적인 사람이 많다. 형식적이고 외식적인 신앙으로 살게 되면 그 생활도 비인격적인 삶을 살게 된다.

예배의 사람은 하나님께 신령과 진정으로 예배드리는 사람으로 진실한 인격적인 사람이 된다.

예배에 성공하려면 하나님을 기쁘시게 해야 하며, 죄를 처분하는 믿음의 행위가 따라야 하며, 나의 모든 것을 헌신하는 산제사를 드려야 하고 십자가 제단뿔을 붙잡아야 한다.

예배는 하나님과 바른 관계 회복이니 그 자체가 복이다.

예배를 떠난 삶은 바로 불행의 삶 자체인 것이다.

그렇다면 참된 예배는 복을 받는 가장 기본이 되는 의식이요, 삶을 회복하는 은혜와 천국의 삶을 예배를 통하여 체험케 하는 것이니 예배 자체는 축복 그 자체이다(시 100:3-15).

예배의 사람은 축복받은 사람이다. 마음의 평안과 세상일의 형통과 높은 곳에 올라가는 명예로움을 주시는 것이다.

예배의 사람으로 축복받은 사람은 아벨의 제사로 피 있는 제사요, 믿음과 순종의 제사로 하나님께서 기쁘시게 받으셨고 순교의 첫 제물이 되었다.

에녹의 생활은 하나님과 동행하는 삶 자체가 예배의 삶이었으니 죽음을 보지 않고 천국에 들어가는 복을 받은 사람이 되었다.

노아의 예배가 예배를 통하여 홍수 심판의 계시를 받았고, 방주 안에서의 삶 자체도 예배의 삶으로 신약의 교회를 예표했다. 예배의 사람은 축복의 사람이다.

우리 그리스도인들은 신령과 진정으로 예배드리는 예배의 사람이 되어야 한다.

26. 봉사의 사람

봉사의 일을 잘하는 사람이 있는가 하면, 봉사의 일을 싫어하는 사람도 있으며 봉사하는 사람을 비판하는 사람도 있다. 그러나 봉사의 일을 잘하는 사람은 멋있는 사람이요 훌륭한 사람이고, 본받을 만한 사람이다.

봉사의 뜻은 섬긴다는 뜻이며 봉사하며 섬긴다는 뜻으로 예배의 봉사를 뜻하기도 한다.

예수 그리스도는 양성을 가지셨으니 신성과 인성이시다. 신성 면에서 보면 삼위일체, 하나님으로서 창조주시요, 우주의 주인이시다. 마땅히 영광과 존귀를 세세무궁토록 받으셔야 할 성자 하나님이시다.

그런데 인간들을 구원하시려고 이 세상에 오신 분이시다. "인자가 온 것은 섬김을 받으려 함이 아니라 도리어 섬기려 하고 자기 목숨을 많은 사람의 대속물로 주려 함이니라"고 하셨다.

예수님은 십자가를 지셨는데 그 자체가 희생이요 봉사의 핵심이다. 이기주의는 조금도 없이 인생 구원을 위하여 물과 피와 생명을 다 쏟아 주셨으니 바로 예수님은 봉사의 사신이시다.

봉사의 사람은 선한 청지기같이 봉사하는 사람이다.

구약의 요셉은 선한 청지기의 모델이다. 어떤 대가를 생각하고 봉사한 것이 아니고 하나님께서 주신 직분이니 겸손한 마음으로 감사한 마음으로 정성을 쏟아 봉사하고, 시간과 물질과 생명을 쏟아 봉사할 때 그가 선한 청지기인 것이다.

선한 청지기는 십자가 정신을 발휘한다.

십자가 정신은 예수 그리스도의 정신이다. 그 정신은 자기를 희생하며 남을 살리는 정신이다. 이 세상이 왜 이렇게 험악해지는가? 자기 살기 위해 남을 죽이기 때문이다. 이 못된 정신은 마귀의 정신이다.

국가·정치·종교·사회 단체 등 어디서나 이 정신 때문에 많은 사람들이 희생되고 눈물을 쏟으며 왕따를 당하고 살아간다. 교회 안에서 자기 주도권이 없어지고 자기 마음대로 되지 않는다고 목사의 치부를 만들기 위해 갖은 수단과 방법으로 어리석은 교우들을 꾀고, 선동자를 앞세워 목사의 착하고 선한 행실을 오도하여 어이없는 일을 만들고 희생과 눈물을 흘리게 하는 사람들이 있다.

필자도 섬기는 교회에서 어이없는 일을 당하여 슬프고 일생을 쌓아온 명예를 실추시키고 생활의 곤란을 당하게 되었다. 이 일을 행한 사람은 십자가 정신이 없는 자들이었다.

봉사의 사람이 아니라 마귀의 행동을 하는 사람들이다. 성도는 예수 그리스도의 심장을 십자가 제단을 통하여 이식받은 자들이다.

성도의 심장에 뛰는 피, 예수 그리스도의 피가 뛰는 자를 성도라고 하는 것이다.

그렇다면 봉사의 인물은 완전히 희생의 사람이요, 예수님처럼 십자가 정신을 발휘하고 살아야 할 것이다.

봉사의 사람은 예수 그리스도의 삶을 본받는 사람이요, 세상의 빛과 소금의 맛을 내는 사람이며 하나님의 영광을 드러내는 사람이다.

소금처럼 맛을 내는 봉사의 사람이 되어 맛을 잃어버린 세상과 빛을 상실한 교회를 밝게 비치고, 살맛나는 세상을 만드는 봉사의 사람이 되자.

27. 충성하는 사람

사람은 각자 맡은 사명이 있다. 직장에서든지 개인사업을 하든지 교회에서 직분을 맡든지 각자의 직분과 직책에서 충성하는 사람은 보기도 좋고 일도 잘해 성공적인 길을 갈 수 있다.

기업체나 학계나 군대나 스포츠계에서도 충성이 없으면 열매가 없고 진취성이 없으며 축복도 없는 것이다. 충성이란 헬라어로 '피스토스'로 믿음이라는 뜻이다.

믿음을 지키는 것이 충성이다. 진리를 파수하며 주어진 직책을 잘 감당하며 지조를 지켜 변하지 않는 것이 충성인 것이다. 충성은 작은 일에 충성하고 은밀한 충성을 하며 값없는 충성, 재능대로의 충성 끝까지 충성, 죽도록 충성하는 것이 충성의 척도이다.

기드온의 300명 용사는 충성의 사람들이었다. 그들 돌격대는 명령일하에 한 사람처럼 움직여 큰 승리를 거두었다.

여호수아는 얼마나 멋진 특공대인가?

"태양아 달아 머무르라"(수 10:12) 하고 가나안 연합군을 무찌른 그 기백은 우리의 모범이 아닐 수 없다.

충성하는 사람은 두 마음을 품지 않는다. 한마음으로 맡은 일에 충성하는 것이다. 예수님의 제자 중 가룟 유다는 두 마음을 품었다가 비극의 주인공이 되었다.

충성하는 사람은 적극적인 자세로 생명을 위해 생명을 투자하는 자세가 충성이다. 지금의 시대는 투자 없이는 열매가 없는 시대이다. 교회는 생명을 투자하는 것이지 대접받고 사랑받는 곳으로만 알면 아무런 소득이 없는 것이다.

구약의 요셉은 정말로 충성의 사람이었다. 하나님은 그를 복의 사람으로 역사하여 그가 가는 곳마다 복이 따르게 했다.

보디발의 집이 복을 받았고 옥중에 복을 받았고, 애굽나라가 그를 통해 부강한 나라가 되었고, 이스라엘 민족이 형성되는 복을 받았다.

마태복음 25장 29절을 보니, "무릇 있는 자는 받아 풍족하게 되고"라고 하였다.

충성하면 복의 근원 되시고 우주의 주인 되시는 하나님께서 풍성하게 주시는 분이시다.

창세기 22장을 보니, 하나님께 아들을 아끼지 않고 드린 아브라함에게 하늘 문을 열고 풍성하게 복을 쏟아 부으셔서 천추만대 그의 자손들이 이 땅을 정복하고 있다.

그리고 충성하는 사람에게는 생명의 면류관이 약속되어 있다.

인간의 약속, 국제적인 약속도 변하고 개정되나 하나님의 약속은 불변임을 우리는 알아야 한다.

충성하는 사람에게 생명의 면류관은 현상품이요 불변의 약속이다.

성도들은 주님께 충성하며 교회에 충성하며 전도에 충성하며 주님의 말씀에 충성해야 한다.

오늘날 성도들은 이 세상인 애굽 생활에 충성하고 있다. 즉 세상일에 너무나 바쁘게 충성하고 있으니 참으로 답답한 일이 아닐 수 없다.

믿는 사람은 자기의 생업과 직장의 일에도 충성하는 사람이 되어야 하고, 믿음 생활에서도 충성해야 하며 각자의 직분에 충성하여 일해야 한다.

"사람이 마땅히 우리를 그리스도의 일꾼이요 하나님의 비밀을 맡은 자로 여길지어다 그리고 맡은 자들에게 구할 것은 충성이니라"(고전 4:1-2).

28. 향기 나는 사람

그리스도인으로서 세상에 사는 동안, 향기 나는 사람이 있는가 하면 나쁜 냄새를 풍기는 사람이 있다.

찬송가 89장을 보면
'샤론의 꽃 예수 나의 마음에
거룩하고 아름답게 피소서
내 생명이 참사랑의 향기로
간 데마다 풍겨나게 하소서.'
하고 가사가 적혀 있다.

팔레스틴 서북쪽 갈멜산 남북 넓은 들판을 '샤론'이라고 하는데, 남북이 90리요 동서가 30리이다. 많은 수목이 우거지고 수천수만 송이의 꽃들이 만발하여 장관을 이루고 있는데, 그 색깔의 조화도 아름답지만 그 꽃들이 풍기는 향기는 온 들판을 가득 채운다.

그리스도인은 샤론의 꽃처럼 향기를 풍기는 사람이 되어야 한다.

꽃에는 향기가 있다. 꽃과 향기는 인생 나그네들에게 힘과 소망과 위안을 주는 사명을 다한다. 그리고 하나님의 제단에 꽂혀진 아름다운 꽃들은 보는 이들로 하여금 꽃향기가 되어 하나님의 기쁘시게 하는 꽃과 향기가 되라고 하셨다.

향기 나는 사람은 하나님을 기쁘시게 하는 향기가 되어야 한다. 예배의 향기로 하나님을 기쁘시게 해야 한다.

출애굽기 29장 25절에 단 위에서 "번제물을 더하여 불사르라 이는 여호와 앞에 향기로운 냄새니"라고 하였다.

구약의 제사는 신약의 예배이다. 죄악 때문에 하나님의 진노를 쌓았는데, 인간들이 제사를 통하여 죄악을 태우고 씻어 하나님을 기쁘시게 할 수 있기 때문이다.

에스겔서 20장 41절을 보니 "내가 너희를 인도하여 여러 나라 가운데에서 나오게 하고 너희가 흩어진 여러 민족 가운데에서 모아 낼 때에 내가 너희를 향기로 받고"라고 하였다.

전도는 생명의 열매이니 하나님을 기쁘시게 하는 향기이다.

에베소서 5장 2절에 "그리스도께서 너희를 사랑하신 것같이 너희도 사랑 가운데서 행하라 그는 우리를 위하여 자신을 버리사 향기로운 제물과 희생제물로 하나님께 드리셨느니라"고 하였다. 사랑 없는 제사·제물·충성·봉사는 외식이요, 형식으로 하나님을 기쁘시게 할 수 없는 것이다.

사랑 가운데 행하는 것이 향기가 되어 하나님을 기쁘시게 해야 한다.

성도의 기도는 제단에 피우는 향기이다. 교회는 기도의 향기가 끊어지지 말아야 한다.

구약의 성막의 제단에서도 제단의 불이 끊어지지 않은 것은 오늘날 교회에도 기도의 향불이 꺼지지 말 것을 교훈하고 있다.

마태복음 6장 13절에 나오는 향유 담은 옥합은 마리아가 예수님의 장사를 준비하기 위해 깨뜨린 향유이다.

이 향유는 북인도와 히말라야 산맥에서 자라는 핑크빛 꽃으로부터 채취한 감송향으로 가장 비싼 향수이다.

그녀는 이 감송 향유가 가득 들어 있는 옥합을 가져왔다.

그리고 그것을 깨뜨려 예수 그리스도의 발 위에 부었다.

이것은 대단한 일이었다. 이 향유의 값은 일꾼이 일 년 동안 일해야 얻을 수 있을 정도였다. 즉 일 년 수입을 한 번에 쏟아 부었던 것이다.

옥합 같은 내 육체의 항아리를 깨뜨릴 때 예수 그리스도가 나타나는 것이다.

그러므로 교회는 향기가 진동하는 곳이 되어야 한다. 그리스도인은 세상에서 향기가 되어야 한다.

향기 나는 사람, 옥합을 깨는 희생이 있을 때 이루어지는 것이다.

29.
본향 찾는 사람

사람은 누구나 한 번은 이 세상을 떠나 저세상으로 간다. 이 세상에서는 자기가 태어난 고향이 있다. 고향을 떠나 타향에 가면 낯설고 인심도 설고 삶의 환경도 바뀌어 고달프고 힘들 때가 많다. 피곤에 지치고 외로울 때면 고향을 그리워한다.

고향은 포근하고 위안이 있으며 사랑과 추억이 있는 곳이다. 세상에서 고달픈 인생을 살다가 실패하고 고향으로 돌아가 재기하는 사람들도 있다.

현대인들에게는 고향 없는 사람들이 많이 있다. 이 땅 위에 사는 사람들은 본향을 찾아가야 한다. 인생의 근본적인 고향은 하나님의 품인 것이다.

인생은 하나님께로부터 와서 하나님 은혜 중에 살다가 하나님께로 가는 것이 정로이다.

우리 성도들이 영원히 가서 살 수 있는 곳이 본향이다. 나의 진정한 본향은 영원히 가서 살 수 있어야 한다.

이 땅 위에 있는 고향들은 나그네 인생들이기에 영주할 곳이 아니라, 언제 떠나도 떠나게 되는 것이니 진정한 고향이 아니다.

그런데 두 종류의 본향이 있으니 한 곳은 천국이요 한 곳은 지옥인 것이다.

천국은 진정한 본향을 찾는 자들의 고향 중의 고향이요 영생의 안식처이다.

그러므로 진정한 본향을 찾는 성도들은 생각을 바꿔야 한다. 이 땅은 안주할 곳이 아니라는 것을 알고 너무나 미련을 두지 말아야 한다. 소돔성에 미련을 버리지 못한 롯의 처를 생각해야 한다.

하늘나라를 위해 물질도 정성도 생명까지도 투자해야 한다. 결산할 때가 있기 때문이다. 절대로 헛되지 않고 우리 본향의 주인 되신 우리 아버지 하나님께서 갚아 주시고 면류관의 상급을 주실 것이기 때문이다.

영원한 본향에 투자한 자들의 물질·정성·생명은 일시적으로 있다가 없어지는 것이 아니라 영원토록 빛날 것이기 때문이다.

이 세상에서 잠시 잠깐 있다가 갈 나그네 인생임을 잊지 말고, 영원한 본향에 대해 열망적 소망을 가지고 살아야 한다.

찬송가 545장 3절에 '내가 천성 바라보고 가까이 왔으니 아버지의 영광 집에 가 쉴 맘 있도다 나는 부족하여도 영접하실 터이니 영광나라 계신 임금, 우리 구주 예수라'고 했다.

우리의 본향은 하늘나라이다. 천성을 바라보고 살아야 한다.

하늘 아버지 하나님께서 우리를 기쁨으로 영접하여 주실 것이다.

본향을 찾는 사람은 믿음으로 사는 사람이다.

이 세상에서 나그네 인생으로 살아도 하늘에 소망을 두고 믿음으로 사는 사람은 천국을 소유할 수 있으며 본향을 찾아갈 수 있다.

맡겨진 일에 충성된 사람이라면, 본향에 가서 하나님께로부터 착하고 충성된 종이라는 칭찬을 받을 수 있고 주인의 즐거움에 참여할 수 있다.

그리스도인은 본향을 찾는 사람이 되어야 한다. 본향을 향한 소망을 가져야 오늘의 삶에 충실하고 내일의 소망을 버리지 않고 살게 된다.

본향을 찾는 사람은 멋있고 평안한 삶이 보장되는 것이다.

30. 죽음 앞에 선 사람

죽음은 인생을 가장 무섭게 위협하고 협박하는 괴물이다. 죽음 같이 인간을 비참하게 만들고 절망의 먹구름 속으로 밀어 넣는 존재가 어디에 또 있겠는가?

60억이 넘는 세계 인구 중에서 1초 동안에 3명 내지 4명이 죽는다고 한다. 1초에 3명씩 죽는다면 1분이면 180명이 죽고 1시간에 10,800명이 죽고, 하루 동안에 259,200명이 죽는다고 한다.

죽음의 형편을 살펴보면 자연재해로 죽는 사람이 있고, 교통사고로 죽는 사람도 있으며, 여름에 해수욕장에 여름휴가를 갔다가 물에 빠져 죽는 자도 있으며 불볕더위를 못 이겨 죽는 사람도 생긴다. 성폭력의 상대로, 돈을 빼앗기 위한 목적으로 무참히 죽음을 당하는 경우들도 있다.

아프가니스탄에 의료봉사를 갔다가 억류되어 있는 23명의 한국 사람들 중에 박영규 목사는 책임자로 인솔해 갔다가 협상을 들어주지 않는다고 죽음을 당했다.

인간은 언제 어디에서 어떻게 죽음을 당할지 모른다.

우리 인간은 태어나는 순서가 있다. 그러나 죽음에는 순서가 없다.

인간의 죽음에는 두 가지가 있으니 하나는 영원한 영생의 천국이요, 또 하나는 영원한 영벌의 지옥이라고 말한다.

인생은 죽으면 그만이 아니다. 죽고 난 다음에는 천국이냐 지옥이냐, 두 갈래 길이 있는데 하나님을 의지하고 예수님을 믿으면 천국으로 가고, 하나님을 믿지 않고 예수님을 거부한 사람들은 지옥으로 가는 것이다.

죽음이 오기 전에 어떤 삶을 살아야 하는가?

누가복음 16장에 나오는 부자와 나사로의 이야기가 있다.

부자는 호의호식하며 날마다 포식하면서 세상에서 부족함 없이 풍요를 누리면서 살았다. 그러나 나사로의 삶은 정반대 되는 삶이었다.

그런데 어느 날 아침에 나사로가 죽어 장례를 치렀는데 누가 울어주는 사람도 없었고, 조문객도 없이 24시간도 되기 전에 땅에 묻어 버렸다.

그런데 얼마 후 부자 영감도 죽었는데 호상 중의 호상이었다. 5일장이 짧으니 7일장으로 엄청나게 거창한 장례를 치렀다.

그런데 나사로는 죽어 천국에 갔고 부자는 죽어 지옥으로 간 것이다. 부자의 죽음은 비참한 결과를 가져오고 나사로는 죽었으나 역전승의 삶을 산 자가 되었다.

우리는 죽음 앞에 선 사람이다. 죽음이 오기 전에 올바로 살자.

올바른 신앙을 가지자. 죽음이 오기 전에 선한 일을 많이 하자. 죽음이 오기 전에 자손들에게 신앙을 유산으로 물려주도록 하자. 죽음 앞에 선 사람으로 죽음을 당당히 맞이할 수 있으면 좋겠다. 십자가의 강도와 같이 죽음 앞에서 예수님께 생명을 맡긴 사람은 용감한 사람이다.

스데반 집사는 죽음 앞에서 다 이루었다고 말씀하신 것을 보면 위대하였고 거룩한 죽음이었다.

내 나이 65세. 살아온 날보다 살 날이 적어지는 지금, 죽음 앞에 선 사람으로 예수님처럼 다 이루었다고 할 수 있는 거룩한 죽음이 되었으면 하고 소원한다.

31. 승리의 사람

승리는 멋진 것이나 실패는 보기 흉한 것이다. 운동경기에서 승리한 사람, 멋지고 당당하며 승리의 노래를 불러서 좋다.

전쟁에서 승리하려면 풍성한 지원물자, 우수한 전투력, 막강한 전투장비, 민첩한 훈련, 그리고 지도자의 탁월한 지도력과 전술은 전쟁승리의 요건이다.

우리는 인생의 승리자, 신앙의 승리자, 목회의 승리자가 되고 싶어한다.

그러나 마음대로 되지 않는다. 성공의 확률보다 실패의 확률이 더 많고, 승리의 사람이 되는 것보다 패배의 사람이 되는 경우가 더 많다.

예수님은 십자가에서 승리하셨다. 그리스도의 승리는 교회 승리의 기반이요 모형이며 방법이다.

예수 그리스도는 십자가로 죄의 권세를 이기셨다. 예수 그리스도는 부활로 사망의 권세를 이기셨다. 그러므로 예수님의 부활은 승리의 부활이었다.

우리도 승리하는 사람이 되어야 한다. 육신의 정욕을 이기는 승리의 사람이 되어야 한다. 예수님은 3가지 시험에서 사탄의 세력을 물리치고 육신의 정욕에서 승리한 표본이시다. 세상의 유혹에서 승리하는 사람이 되어야 한다. 승리 중의 승리는 죽음에서 승리하는 것이다.

예수님의 부활은 죽음을 이긴 승리이다. 예수님의 부활승리는 죽음을 이긴 승리요 인류역사에서 가장 위대한 승리가 된 것이다.

성경에는 죽음을 이긴 사람들이 있다.

에녹과 엘리야다. 성경에서는 죽음을 보지 않고 승천했다고 말한다.

그들은 죽음을 이긴 사람들이다. 스데반 집사는 기독교에서 맨 처음으로 순교한 사람이다.

그는 죽음 앞에서도 그의 얼굴이 천사의 얼굴같이 빛났다고 했다.

죽을 줄 알면서도 담대히 복음을 전했다. 죽음 앞에서 조금도 비굴하거나 아첨하지 않았다.

무서운 돌들이 날아오는데 그는 기도하기를, "아버지여 저들을 용서하소서", 자기들이 하는 짓을 자기들이 모른다고 하였다. 그리고 하늘을 쳐다보니 하나님의 보좌 우편에 계신 예수님이 일어나서 스데반을 영접하는 것을 보았다.

스데반은 죽음을 이긴 멋진 승리의 사람이 되었다. 고린도전서 15장 55-57절을 보면 "사망아 너희 이기는 것이 어디 있느냐"라고 소리치고 있다.

　이 말씀은 사망이 겁이 나니까 배짱으로 협박하는 식으로 외친 것이 아니다. 부활을 믿는 대장부로서 외친 소리이다.

　바울 사도와 베드로 사도는 로마의 바로 황제의 박해 때 순교하였다. 이는 사망에게 삼킨 바 된 것이 아니라 승리의 죽음을 죽은 것이다. 죽음의 승리자들이다.

　사람들은 생존 앞에 비겁해지고, 죽음 앞에 비굴해질 수 있다.

　그리스도인들은 승리의 사람이 되어야 한다. 믿음의 승리자가 되어야 한다. 죽음 앞에서 승리자가 되어야 한다.

　예수 그리스도의 승리를 내 승리로 믿음으로 믿음의 승리, 죽음에서의 승리가 있는 것이다.

　가장 귀한 승리는 천국으로 가는 승리이다. 죽음의 승리자가 되어 천국 갈 것을 확신하기 때문이다.

32. 눈물의 사람

나는 눈물이 많은 사람이다. 내 나이 칠십이 다 되었는데, 인생의 종착점이 머지않았는데도 마음은 소년시절 그대로의 마음이다.

사람들이 잘한 일을 보고 기뻐서 눈물을 흘리고, 고통스럽고 괴로운 일을 보아도 내 고통과도 같아 눈물을 흘린다.

설교하다가도 울고 기도하다가도 우는 때가 종종 있다. 티비를 보면서도 연속극 속에 나오는 내용을 보고도 울 때가 있다. 아마 내 처지와 비슷해서 우는 경우도 있을 것이고 상대방의 딱한 사정을 보고 안돼 보여서 우는 경우도 있다.

아무튼 눈물이 많아 미안할 때도 있고 창피할 때도 있다.

괴테는 "눈물과 더불어 빵을 먹어본 자가 아니면 인생의 참맛을 모른다"고 하였다.

이어령 박사는 "비가 와야 무지개가 생기듯이 눈물을 흘려야 그 영혼에도 아름다운 무지개가 생긴다"고 하였다.

어느 날 하나님께서 천사들에게 세상에서 제일 귀한 것을 찾아오도록 명령을 하니, 맨 처음 천사가 다이아몬드를 가져왔고, 두 번째 천사는 여성의 미를 가져왔고, 세 번째 천사는 죄인의 눈물을 담은 상자를 가져오니, 하나님은 세 번째 천사의 눈물 상자를 보시고 기뻐하시면서 네가 가장 귀한 것을 가져왔다고 칭찬하셨다.

눈물은 값진 것이다. 진실한 것이다.

이 세상은 눈물로 가득 차 있다. 본인의 실패 때문에 울고 자식의 죽음 때문에 울고 부모가 세상을 떠남으로 슬퍼서 운다. 인간 세상을 고해라 하는데 눈물의 세상이라는 뜻이다.

눈물을 흘리지 않는 자가 누가 있는가?

예수님도 세 번이나 우셨다. 나사로의 무덤 앞에서도 우셨고, 예루살렘의 멸망을 생각하면서 우셨고, 온 인류의 대속을 위해서 우셨다.

우리가 사는 세상은 웃음보다 눈물이 더 많고 즐거움보다 괴로움이 더 많으며, 선보다 악이 더 많다.

세상살이에서 오는 저속한 눈물이 있다.

질병의 고통 때문에 우는 눈물이 있고, 생활고에 지친 중에 흘리는 눈물이 있으며 배신 때문에 우는 눈물이 있고, 낭패와 실망 때문에 우는 눈물이 있으며, 이별 때문에 우는 눈물, 세상 염려 때문에 우는 눈물이 있다.

또 자기가 저지른 죄 때문에 우는 눈물, 사랑하는 사람의 죽음 때문에 우는 눈물이 있다.

그러나 인생의 삶 속에서 고상한 눈물을 흘리며 살고 싶다.

죄를 회개하면서 우는 눈물, 국가와 민족을 위해 우는 눈물, 교회를 염려하여 우는 눈물, 생명 구원을 위한 눈물은 고상한 눈물이다. 더 나아가 신앙적이고 영적인 눈물도 있다. 기도의 눈물이다. 한나, 히스기야, 다윗, 베드로, 모니카 등은 기도의 눈물로 하나님께로부터 축복을 받은 사람들이다.

나는 그동안 하나님께로부터 받은 은혜의 눈물, 말씀의 눈물, 사랑의 눈물, 찬송의 눈물, 감사의 눈물을 흘렸다.

성자 바실은 "거룩한 슬픔은 영원한 즐거움의 꽃이 자라나는 종자이다"라고 했다.

예수님은 너희와 너희 자녀를 위하여 울라고 하였다.

이제 기도의 눈물, 사랑의 눈물, 진실의 눈물로 모든 죄와 악을 씻어 버리자.

나는 하늘나라에 갈 때까지 눈물의 사람으로 살리라.

33. 거룩한 사람

세상에서 보면 거룩하게 살고 경건하게 살며 속되고 추하게 사는 사람들이 있다.

거룩하게 사는 사람들을 보면 존경스럽고 훌륭해 보인다.

나도 거룩한 사람이 되고 싶다. 그리하여 거룩하게 살려고 애써 보았다.

거룩이란 하나님의 본질적인 도덕성이다. 거룩은 성별인데 불의와 부정에서 분리된 상태를 의미한다.

거룩은 하나님의 성품이다. 거룩은 '구별'이라는 뜻으로 하나님께서는 본질적으로 피조물과 구별된 창조주요, 섭리주로서 계시는 분이다. 완전무흠함을 의미한다.

우리도 성별되고 구별되어 완전무흠한 거룩한 사람이 되도록 노력해야 한다.

거룩한 사람, 거룩하게 사신 분은 예수님이시다.

거룩이란 더러움에서 떠나 자유이심을 의미한다. 예수님이 절대적으로 거룩하시다는 것은 절대적으로 순결하시다는 것이다.

예수님은 의를 사랑하고 죄를 증오하셨다. 언제나 유혹에서 승리하고 결코 실패하지 않으셨다.

죄인을 구원하시기 위해 자신을 희생하심에서 나타나 있다. 예수님은 거룩하신 분이시다.

예수 믿는 우리도 거룩한 사람이 되어야 한다. 성경에는 성령님을 '거룩한 영'이라고 한다. 성령의 역할은 거룩하게 하시는 것이다.

성령님은 인간들의 죄를 들추어 내시고 책망하시며 죄를 멸하시고 성결의 옷을 입혀 주신다.

천국은 하나님의 영광이 충만해 있음과 동시에 거룩으로 충만한 곳이다.

반면에 지옥은 무서운 형벌과 저주가 충만해 있는 곳이다.

천국에 거하는 천사들과 성도들도 모두 거룩하다. 하나님의 속성이 거룩하시기 때문에 거룩하지 못한 것을 보시지 않으시고 깨끗이 성결케 하시는 분이시기 때문이다.

성도는 거룩하게 살아야 한다. 거룩한 백성, 거룩한 사람이 되어야 한다.

성도가 거룩케 되어 거룩한 삶을 살아야 한다.

성도들은 심령이 거룩해야 한다. 심령 세계는 마음의 세계이다. 성도들은 마음의 세계를 잘 관리해야 한다.

죄악이 침투하지 못하도록 사탄이 들어오지 않도록 해야 한다.

그러므로 예수님을 내 마음의 왕좌에 임금으로 모시고 성경과 말씀으로 충만케 하면, 우리의 마음세계는 거룩하신 하나님의 나라가 이루어지는 것이다.

성도들은 생각이 거룩해야 한다. 생각이 저속해지면 말도 행동도 생각에 의해 저속하게 되는 것이고, 생각이 거룩하면 거룩한 삶을 사는 것이다.

노아 때 사람들은 그 생각이 패괴했다고 했으니 이는 정신과 사상이 썩었다는 뜻이다.

생각이 거룩함은 사상적 거룩성을 말하는데, 바울 사도같이 예수 그리스도의 심장을 가지면 예수의 사람으로 거룩한 삶을 살게 될 것이다.

말과 행동도 거룩해야 한다. 이는 성령충만에서 오는 결과로서 9가지 열매를 맺는 삶과 지상에서부터 천국의 삶을 사는 것을 뜻한다.

거룩한 사람이 되려고 노력했다.
하나님은 나를 어떻게 평가하실까?

34. 성장의 사람

 귤나무 하나를 사다가 심었다. 제주도에서만 잘 자라고 열매가 맺는 나무라는 것이다.

기후조건이 좋아야 한다는 것이다.

제주도에서 묘목을 사서 인천으로 옮겨 아파트 뜰 앞에 심었다.

양지바른 쪽이라 그런지 잘 자라서 3년 만에 감귤이 열렸다. 잘 성장하는 과정을 살펴볼 때도 좋았지만 열매 맺는 것은 더욱 좋았고 노랗게 익어 따먹게 될 때 그 맛이 매우 좋았다.

정성들여 가꾼 아내의 노고에 감사하며 정성이 깃들면 부족한 기후조건에서도 잘 성장하는 것을 보았다.

생명체는 성장해야 전진이 있고 기쁨과 보람이 있는 것이다.

산모가 열 달 동안 태중의 생명을 기른 후 사선을 통과하여 한 생명인 가장 아름다운 한 아이를 출산했는데, 이 아이가 성장이 없다고 하면 가장 무서운 비극이 되고 말 것이다.

사람의 인격의 성장은 참으로 귀한 것이다. 성장 후에는 열매가 있기 때문이다.

완벽한 인격자 예수 그리스도를 마음속에 모시고 그를 바라보고 살면 그의 인격을 향하여 성장한다.

그리스도인들은 예수 그리스도의 인격을 닮기 위해 성장해야 한다.

그리스도의 장성한 분량이 충만한 데까지 장성하여야 한다. 또한 '범사에 그에게까지 자랄지라. 그 몸을 자라게 하며 사랑 안에서 스스로 세우느니라'고 하였다.

그리스도인들은 믿음이 성장해야 한다. 믿음 성장이 없이는 예수님의 인격을 닮는 사람으로 성장할 수 없다. 성장의 이유는 성도를 온전케 하며 봉사의 일을 하게 하며, 그리스도의 몸을 세우려 하심이라고 하였다.

프랭클린은 '서 있는 농부는 앉아 있는 신사보다 훌륭하다'고 말했다.

일하며 봉사하는 사람이 아름답고 훌륭하다는 말이 있다. 그러므로 교회의 직분자들은 '그리스도의 몸', 즉 교회를 위해서 있는 자, 일하는 자, 봉사하는 자가 되어야 교회가 성장하고 교회 성장은 곧 자신의 성장임을 알아야 한다.

개인의 신장이 성장하고 그리스도의 인격으로 성장한 성도가 있는 교회는 교회가 성장한다.

예수 그리스도는 완벽한 인격을 가지신 우리 인간의 모델이시다.

아브라함이나 다윗이나 다니엘이나 베드로나 바울 같은 신앙의 영웅들이라도 우리 인간의 인격적 목표는 아니다.

오직 그리스도만이 우리의 신앙의 대상이요 완벽한 인격을 가지신 우리의 구세주이시다.

믿음의 성장은 신앙인들의 목표요 영원히 진행되어야 한다.

말씀대로 행할 때 성장한다. 하나님 말씀에 대한 전적인 순종, 말씀의 실천들을 뜻한다.

말씀의 실천이 있을 때 믿음이 성장하게 된다. 기도는 믿음의 성장에 큰 역할을 한다. 기도는 하나님이 살아 계심을 체험하게 하기 때문이다.

그러므로 교회의 기도회나 개인의 기도시간을 가질 때 성장이 있다.

믿음이 사람끼리 협력할 때 신앙이 급속도로 성장한다. 성도의 교제는 신앙성장에 큰 활력소가 된다. 성령의 충만을 받아야 신앙이 크게 성장한다.

초대교회의 성장은 성령충만에 있다. 믿음이 성장하는 사람, 신앙이 성장하는 교회는 은혜로운 교회이다. 그리스도의 인격을 닮은 성장의 사람이 되자.

35. 기도의 사람

교회에는 일평생 기도하며 사는 사람이 있는가 하면, 기도에 부담을 갖고 기도를 회피하고 통상적으로 기도하기는 하는데 간절함이 없는 사람이 있으며, 기도의 세계에는 전혀 관심이 없는 자들이 있다.

그러나 기도는 능력이요 영적 에너지이다. 절망을 이기고 환난·핍박을 이기고 기적을 끌어오며 죽음도 이긴다.

성경의 역사는 기도로 승리한 기록이 가득 차 있다. 예수님의 지상생활도 일관된 아름다운 모습으로, 기도로 시작하여 기도로 마치셨다.

그리고 지금도 하나님 보좌 우편에서 우리를 위하여 기도하고 계신다(롬 8:34).

매사에 기도를 최우선으로 하셨으니 우리의 모본이 아닐 수 없다.

성경에는 꼭 필요한 때에 기도를 하지 않으므로 실패의 쓴잔을 마신 역사가 나타난다.

모세가 반석을 쳐서 물을 내어 백성들에게 먹일 때 기도하지 않고 자기 감정대로 하였으므로 가나안 땅에 들어가지 못하는 결과를 가져왔다(민 20:10-13).

여호수아도 여리고성 함락의 승리에 도취되어 아이성 함락을 위해 기도의 우선을 잊어버리고 전투에 임하여 대실패를 맛보았다(수 7:2-3).

예수님의 아홉 제자들도 귀신 들린 어린 아이를 고쳐준다고 장담하였으나 기도하지 않고 자기들의 과거 체험만 가지고 덤벼들다 망신을 사고 있을 때, 세 제자를 데리고 오신 예수님이 해결해 주셨고, "기도 외에는 이런 유가 나갈 수 없느니라"는 책망을 들었다.

겟세마네 동산에서 예수님은 십자가를 위하여 땀방울이 핏방울이 되도록 뜨겁게 기도하셨는데, 세 제자들은 세 차례나 깊은 잠에 도취되더니 예수님이 체포되었을 때 베드로는 세 번 부인하고 다른 두 제자는 도망친 역사가 있다(마 26:36).

성도는 기도의 사람이 되어야 한다. 능력의 원천이시며 전능하신 하나님께서 기도하는 자에게 함께하시기 때문이다.

그래서 야고보 사도는 "엘리야는 우리와 성정이 같은 사람이로되~ 기도하므로 비를 오지 않게도 하였고, 다시 기도함으로 오게도 하였다"고 말했다.

기도 자체가 위력이 있는 것이 아니라 기도하는 자에게 역사하시는 하나님이 능하시기 때문이다.

그러므로 능하신 하나님을 믿는 자가 기도하면 하나님의 능력을 받는 것이다.

또한 기도는 능력을 얻는 자가 기도할 때 나라를 위기에서 건지며, 새로운 역사를 창조하며 세계의 방향을 전환시키며 하나님의 보좌를 움직이게 하는 것이다.

이 세상의 모든 환경은 우리 성도들을 절망으로 몰아넣는 무서운 함정들이다.

홍해에 도전하였던 모세는 기도의 위력을 잘 보여주었다.

앞에는 홍해, 뒤에는 애굽 병정, 무지한 백성들의 원망과 불평, 진퇴양난에 빠진 모세는 완전 절망이었다.

이때 그의 비상조치는 하나님께 기도하는 것이었다. 여기에 기적이 일어나 홍해를 갈라 백성들을 구원하고 애굽 병정들을 수장시켰다.

기도는 위력이 있다. 환난·핍박도 이기고 기적을 끌어내는 힘이 있다(삼상 1:9-20).

기도의 사람이 되자.

36. 전도의 사람

전도는 교회에 주신 주님 최후의 명령이다. 전도를 잘하는 사람이 있는가 하면 전도를 전혀 못하는 사람도 있고, 전도된 사람을 상처를 주어 낙오자가 되게 하는 자도 있다.

오늘 현재 한국교회는 전도의 은사를 잃어버린 것 같다. 전도를 하지 않아도 되는 줄로 알고 있다.

이것이 큰 나태요 불신앙이다.

전도는 생명을 살리는 일로 결코 희생이나 고통이 아니다. 기쁨이요 쾌락인 것이다. 생명이요 부활이요 은혜와 복 중의 복인 것이다.

전도의 목적은 가장 우선적인 것이 무엇보다도 영혼 구원에 있다.

주님께서는 인간을 구원하시기 위해 고난을 당하신 사건을 비롯하여, 주님의 열두 제자들도 대부분 목숨을 버리면서까지 영혼 구원에 전념하였다는 사실은 전도의 일차적 목적이 구원사역에 있다는 것을 증명한다.

이처럼 전도는 교회가 존재하는 중요한 목적이며, 교회가 질적으로 양적으로 성장할 수 있게 하는 원동력이다.

따라서 성도들은 하나님이 가장 기뻐하시는 사역인 전도를 통해 영혼을 구하라는 하나님의 명령에 더욱 열정적이고 충성되게 임해야 한다.

전도는 예수님의 지상명령에 순종하기 위함이다. 전도는 주님의 유언을 지키기 위함이다. 전도는 죄인을 구원하며 예수 그리스도를 믿게 하기 위함이다. 전도는 하나님 나라를 성취하기 위함이다.

전도를 통해 신자의 열매를 맺는 궁극적인 목적은 하나님께 영광 돌리는 데 있다. 이것이 성도의 제일 되는 목적이다.

요한복음 15장 8절 말씀에 "너희가 열매를 많이 맺으면 내 아버지께서 영광을 받으실 것이요 너희는 내 제자가 되리라"고 하였다.

초대교회의 성도들의 모습은 천국의 특공대처럼 그들의 삶 전체가 전도에 힘써 "때를 얻든지 못 얻든지", 사나 죽으나 기쁠 때나 슬플 때나 옥에 있을 때나 나왔을 때나 사업을 할 때나 하지 않을 때나 오직 전도하였으니 심지어 죽으면서도 전도하였던 것이다.

예수님은 잃은 양 한 마리를 찾으시고 기뻐하시며 만족하셨고, 탕자가 돌아오니 반갑게 맞이하면서 잔치를 베풀며 기뻐하셨다.

기쁨으로 전도해야 한다. 바울 사도는 "만일 복음을 전하지 아니하면 내게 화가 있을 것임이로다"라고 말했다.

이 말씀은 최대의 기쁨의 작업은 세상에 하나밖에 없으니 그것이 전도라는 것이다.

그리스도의 복음을 전하는 일, 죽어가는 생명을 살리는 일, 죄 사유의 복음을 전하는 일, 이것만큼 중요하고 값진 일이 또 있겠는가?

전도는 생명을 살리는 기적을 가져오니 기쁨과 쾌락임을 알아야 한다.

전도는 천국 특공대의 구호요 적극적으로 해야 하며, 희생과 고통이 아니라 기쁨이요 즐거움이다.

그러므로 천국 특공대답게 전도의 일을 기쁨으로 감당하고 하늘 상급을 받는 주님의 일꾼들이 되자. 전도란 순교와 직결되는 헌신으로 전도자는 희생을 달게 받을 각오가 되어 있어야 한다.

그래서 우리가 잘 알고 있는 스데반도 전도를 하다가 군중들의 돌에 맞아 죽었으며, 바울 역시 전도하면서 수없이 감옥에 갇혔다. 그러나 전도는 생명을 살리는 일이니 전도의 사람으로 일생을 살자.

37.
예닮의 사람

사람은 모방성이 강하다. 그러므로 누구를 모방하느냐에 따라 축복의 사람이 될 수도 있고, 저주의 사람이 될 수도 있다. 운동선수들은 선배들 중에 잘하는 사람을 모방하여 배움으로 훌륭한 선수가 되기도 하고, 연예인들도 훌륭한 연기자들의 영향을 받아 좋은 연기자들이 되며, 목회자도 훌륭한 인격의 소유자를 닮아 좋은 목회자가 되기도 한다.

그러나 우리는 닮아야 할 주인공이 있는데 예수님을 닮아야 한다. 예수를 닮으면 예수의 사람이 되고 천국의 주인공이 되는 것이다. '예닮'은 예수님을 닮자는 뜻이다. 예수 믿는 자는 예수를 닮아가면서 그의 인격에까지 성숙되어 가야 한다. 제자는 선생님을 닮아가며 성도는 예수님을 닮아가야 한다.

본래의 인간은 에덴동산에서 살 수 있는 인격을 가졌으나 범죄한 후로는 그 인격이 파괴되어 그것에 권리를 박탈당하고 말았기에 추방된 것이다.

이런 인간을 다시 회복하시려고 사람의 몸을 입고 오신 예수님은 죄 없는 몸으로, 십자가에서 대속의 죽음을 죽으셔서 죽어버린 인간의 인격을 다시 회복하여 거룩한 인격을 만들어 천국에 가서 영원히 적응하며 살 수 있도록 재창조해 주신 분이시다.

예닮은 신의 성품에 참예하는 것이다. 신의 성품은 하나님의 성품을 뜻한다. 이 성품은 거룩하고 진실하며 의롭고 청결하며 사랑과 지혜가 충만하신 성품이시다. 그리고 영원무궁토록 변하지 않고 생명의 생동성이 지칠 줄 모르는 힘을 분출하는 분이시다. 이 신의 성품의 본체가 예수님이시다.

그러므로 예수님을 내 마음속에 영접하면 가능한 것이다. 그의 온유·겸손하신 마음, 짐을 져 주시는 마음, 즉 십자가도 닮아간다. 그리고 그분의 말씀을 잘 배워야 한다.

그분의 말씀은 신구약 성경인데, 구약은 그분이 오실 것에 대한 예언이요, 신약은 그분이 오신 것에 대한 성취이다. 요한복음 15장 4절에 "내 안에 거하라 나도 너희 안에 거하리라"고 하셨다. 예수님과의 일체성은 곧 한 덩어리가 된다는 뜻이다.

우리 마음속에 욕심을 담으면 욕심의 사람, 사랑이 충만하면 사랑의 사람, 예수를 담으면 예수의 사람이 되는 것이다.

예수와 일체가 되면 예수님을 가장 잘 닮는 사람이 될 것이다. 예수님의 삶을 닮아야 한다. 예수님의 삶은 버리고 찾은 삶이었다. 예수님은 자기의 양들을 찾기 위해 하늘 보좌를 버리셨고 그 결과로 자기 백성들을 찾으신 분이시다.

자기 생명을 잃고 많은 생명을 얻으신 분이시다. 예수님을 닮고자

하는 자는 예수님처럼 죽어야 한다.

짧고 굵게 죽음에 담대히 도전하면서 갖은 수모와 야유를 달게 받으며, 피와 생명을 쏟게 하는 자를 사랑하면서 죽으셨던 곳이 십자가였다.

우리의 무덤도 십자가가 되어야 한다.

예닮의 사람은 예수님의 인격화·생활화, 심지어 살고 죽는 것까지도 함께하는 동일체임을 배워야 한다.

그러므로 이 땅위에서의 삶 자체가 작은 예수로서의 사명을 다해야 할 것이다.

원수까지도 사랑하며 사는 자가 예닮의 사람이다.

38.
사명의 사람

이 땅에 사는 사람은 다 각기 자기에게 주어진 사명이 있다. 정치인은 국리민복을 위해 선정을 베푸는 것이요, 국민은 국토방위의 사명이 있고, 교사는 가르칠 사명이 있으며 과학자는 문명을 위해 발명의 사명이 있다.

의사는 환자의 질병을 고치고 건강을 위해 일할 사명이 있다.

그리스도인들도 사명이 있다. 바울 사도는 "내가 달려갈 길과 주 예수께 받은 사명 곧 하나님의 은혜의 복음을 증언하는 일을 마치려 함에는 나의 생명조차 조금도 귀한 것으로 여기지 아니하노라"(행 20:24)고 했다.

바울 사도는 사명을 완수하기 위해 시간과 정력, 심지어 자기의 생명까지도 아낌없이 투자하며 헌신한 실천적인 신앙 지도자였다.

오직 복음 증거의 사명을 완수하다가 로마 황제 바로의 박해 때 순교의 제물이 되었다.

사명이란 각자가 실현하도록 부름받은 자기의 가장 본래적인 자아에 대해서 가지고 있는 의식이다.

현대는 자아상실자·자기학대자가 너무나 많다.

그러나 그리스도인들은 사명의 사람으로 살아야 한다. 예수님은 우리 성도를 향하여 '너희는 세상의 소금이니, 너희는 세상의 빛이니'(마 5:13-16)라고 명령하고 있다.

소금은 썩는 것을 방지하는 역할을 하며 맛을 내게 한다. 인체의 피에 염분이 없으면 순환하지 못한다고 한다. 그러므로 소금을 필수품인 것이다.

빛은 어두움을 제거하고 광명한 세계를 만든다.

빛은 어두움을 쫓아버리고 갈 길을 인도한다.

우리 성도는 세상에서 암흑을 쫓아버리고 천국의 갈 길을 비추어 많은 사람들을 천국으로 인도하는 빛의 사명을 감당해야 한다.

사도행전 20장 24절에 "예수께 받은 사명 곧 하나님의 은혜의 복음을 증언하는 일을 마치려 함에는 나의 생명조차 조금도 귀한 것으로 여기지 아니하노라"고 하였고, 빌립보서 1장 20-21절을 보니 "살든지 죽든지 내 몸에서 그리스도가 존귀하게 되게 하려 하나니 이는 내게 사는 것이 그리스도니 죽는 것도 유익함이라"고 하였다.

진정 바울 사도는 사명에 살고 사명에 죽은 우리들의 모본이 아닐 수 없다.

순교는, 사실은 목숨을 잃는 것 같으나 영원한 세계에서 빛나는 생명을 얻는 최고의 영광스러운 죽음인 것이다.

그러므로 죽음은 끝나는 절망이 아니라 새 세계의 출발이요, 인간 세계의 끝이요 하늘나라의 삶의 시작이다. 우리 그리스도인들에게는 주어진 사명이 있으니 자기 자신에게 주어진 사명과 교회에 대한 사명과 세상에 대한 사명이 있다.

성도에게는 시대적인 사명이 있다.

우리나라에 5·16 군사혁명이 일어나 국회가 새롭게 개원되었을 때, 우리나라 국회의원 몇 사람이 이스라엘을 방문하고 이스라엘의 기브츠 정책을 배우면서 향토예비군이 실시되었다. 그때 이스라엘 국회의원들과 자리를 함께하고 포도주를 권하면서, "당신들은 마시지 않습니까?"라고 물으니, 그들의 대답이 "네, 저 아랍을 물리치기 전에는 마시지 않기로 했습니다."라고 하면서 포도주를 마시지 않았다는 이야기가 있다.

하찮은 포도주 한 잔이지만 민족의 주체성을 교훈하고 있다.

우리도 이들의 삶을 배워 성도의 시대적 사명을 감당하는 사명의 사람이 되자.

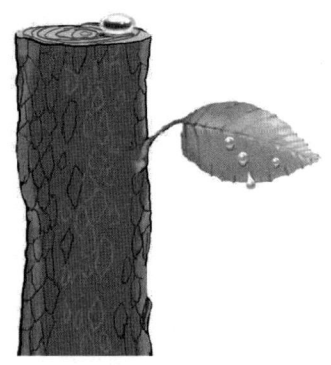

39. 곤경을 이긴 사람

세상을 사는 동안 순탄한 인생길을 가는 사람도 있고, 때때로 어려운 일에 직면할 때도 있고, 너무 심한 곤경에 이르게 되어 감당하기 어려워 절망에 빠지는 사람도 있으며, 엄청난 곤경에 처하였으나 믿음으로 이긴 사람도 있다.

곤경을 이긴 사람은 위대한 신앙인이요 본받을 만한 사람이요 인생 승리자이다.

욥은 곤경을 이긴 사람이다. 욥은 "순전하고 정직하여 하나님을 경외하며 악에서 떠난 자"였지만 졸지에 자녀들과 재산을 몽땅 잃고, 자신은 발바닥에서 정수리까지 악창이 나서 재 가운데 앉아 기와 조각을 가져다가 몸을 긁는 극심한 고난을 경험했다.

욥은 도저히 이해할 수 없는 극심한 고난에 직면했을 때, 하나님 앞에 원망이나 불평을 토로하지 않고, "오히려 주신 자도 여호와시요 취하신 자도 여호와시오니 여호와의 이름이 찬송을 받으실지니라"(욥 1:21)라고 했다.

욥은 실패 같으나 성공이요 곤경에 처하였으나 곤경을 이긴 사람이요, 절망할 자리에서 재기하고 갑절의 축복을 받은 사람이다.

곤경을 이긴 비결이 무엇일까? 우리 인생들도 수없이 곤경에 처하는 경우들이 많은데, 그 곤경을 이길 수 있는 사람들이 되어야 할 것이다.

욥은 중보자를 바라보고 기도하는 사람이었다. 욥의 세 친구는 욥을 찾아와 위로하며 신앙적 권면을 하느라고 했으나 실상은 욥을 비난하며 정죄하고 말았다. 욥은 고난 가운데서, 그리고 친구들의 냉정한 권면의 말을 들으면서 하늘에 계신 중보자를 바라보고 기도하였다.

"지금 나의 증인이 하늘에 계시고 나의 하나님이 높은 데 계시니라 나의 친구는 나를 조롱하나 내 눈은 하나님을 향하여 눈물을 흘리고"라고 하였다.

욥은 고난과 절망의 상태에서 하나님을 바라보며 중보자 그리스도를 사모하는 신앙을 가졌다.

욥은 자기 형제와 친척과 친구와 아내와 모든 사람에게 버림을 받는 곤경에 처했을 때, 자기의 문제를 신원해 주실 구속자이신 그리스도만을 바라보았다.

그리고 욥은 고난의 원인을 몰라 안타까워하면서 그 원인을 하나님께 문의했다(욥 19:25-27). 모든 난제와 억울한 일들을 하나님께 호소하는 것이 유일한 해결의 길임을 확신했기 때문이다.

욥은 곤경을 이긴 비결은 기도하는 신앙인이었다. 곤경을 이긴 사람은 기도의 사람이다. 사람은 누구나 고난을 만날 때가 있다. 그러나 고난 중에 주님을 만나고 자신을 발견하고 겸손할 때 하나님의 은혜와 축복이 있다. 욥은 고난 중에 입을 가리우고 회개의 기도를 하였다. 하나님 앞에 겸허함과 정중함을 따라 사는 신앙의 사람이었다.

욥기 42장 10절에 "욥이 그 벗들을 위하여 빌매"라고 했다. 자기를 괴롭게 한 사람들, 심지어 원수들을 위해서 기도하였다.

요즘 원수가 아니더라도 선한 이웃에게까지, 아니 자기 교회 담임목사에 이르기까지 고의로 피해를 주고 곤경에 처하게 만드는데 그런 자들을 위해 기도하기란 쉽지 않다.

욥은 그들에게 긍휼을 베푸시기를 기도하였을 때, 하나님께서 욥에게 그전보다 더 큰 은혜와 축복을 주셨다.

우리는 곤경을 이기는 사람이 되어야 한다. 기도의 사람은 곤경을 이길 수 있는 사람이다.

40. 무례한 사람

성경에 보면 "가나안의 아비 함이 그 아비의 하체를 보고 밖으로 나가서 두 형제에게 고하매"(창 9:22)라는 말씀이 나온다. 거기에서 이들이 아비에게 무례한 일을 행한 것을 보게 된다.

인생을 살면서 무례한 일을 당할 때도 있고 때로는 자신도 무례히 행하여 실수할 때도 있다.

'무례하다'는 말은 '맵시가 없다, 예의가 없다, 에티켓이 없다'는 말이다. 혹평하면 '건방지다, 버릇이 없다, 행동이 점잖치 못하다'는 말이다.

무례의 반대는 무엇인가? 예의가 있다는 것이다. 에티켓이 있다는 것이다. 우리는 누구에게든지 무례하면 안된다.

가정에서도 조부모님·부모님·형제자매들에게 무례하면 안된다. 교회에서도 주의 종 목사님과 전도사님들·장로님·권사님·집사님들에게 무례하게 굴면 안된다.

이웃 간에도 윗어른들께도 무례하면 안된다.

본문에서 보면 홍수 후에 노아는 포도나무를 심었다가 포도주를 만들어 마시고 취하여, 장막에서 벌거벗고 잠을 자고 있었다.

그때 그 장막에 노아의 둘째 아들 함이 들어갔다가 아버지가 벌거벗은 모습을 보고 나와서 그의 형 셈과 동생 야벳에게 말을 하였다. 아버지가 벌거벗고 주무시더라는 말이다.

함은 형과 동생에게 말하기 전에 먼저 아버지의 벌거벗은 하체를 이불을 가져다가 덮어드려야 옳은 일이었다.

그런데 함은 그러지 않았다. 흉을 드러냈다. 이것이 무례이다. 에티켓이 없었다. 기본적인 윤리도 없었다.

노아가 술이 깨고 난 후에 이 사실을 알았다. 노아는 기분이 나빴다. 배신감을 느꼈다. 아들에 대한 실망감을 가지게 되었다. 그래서 둘째 아들 함은 저주를 받았다.

창세기 9장 25절을 보면 "이에 이르되 가나안은 저주를 받아 그의 형제의 종들의 종이 되기를 원하노라"라고 했다.

가나안은 함의 아들을 가리키는 것으로 함의 자손이 저주를 받는다는 것을 말한다.

창세기 9장 26절을 보면 "또 이르되 셈의 하나님 여호와를 찬송하리로다 가나안은 셈의 종이 되고", 27절에 "하나님이 야벳을 창대하게 하사 셈의 장막에 거하게 하시고 가나안은 그의 종이 되게 하시기를 원하노라 하였더라"고 했다.

아버지의 벌거벗은 모습을 덮어 드린 자는 복을 받았고 무례히 행한 함은 저주를 받았다.

아버지는 나를 낳아주신 분이다. 내 존재의 근원이다. 그 아버지에게 최선의 예의가 필요한 것이다.

목회선상에서도 무례한 자를 보게 된다. 권사의 가정인데 자기 딸을 중신하여 결혼을 시키고 직장에서 퇴출되어 문방구를 하는데, 호구지책이 되지 않아 항상 울고 다니고 원망하는 말을 많이 했다.

그 사위에게 직장을 알선하여 잘살게 되었는데도 목회를 어렵게 하며 은혜를 모르는 무례한 사람이 되니, 자신에게 유익이 없고 결국 피부암에 걸려 세상을 떠나는 모습을 보게 되었다.

무례하게 행한 사람에게는 하나님의 심판이 따르는 것을 볼 수 있었다.

우리는 부모에게나 목회자에게나 상사에게 무례하게 행하는 사람이 되어서는 안되겠다고 느꼈다.

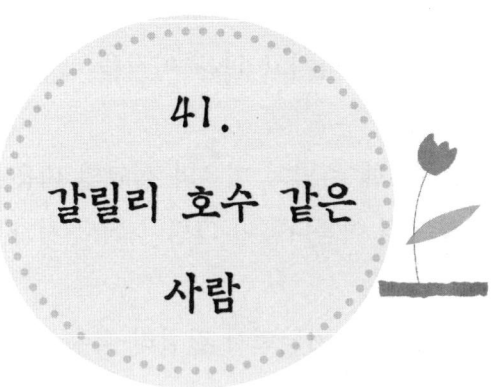
41. 갈릴리 호수 같은 사람

성직자의 길을 걷는 사람이라면 누구나 한번은 성지순례를 하게 되며, 성지순례 중에 예수님의 복음의 중심지였던 갈릴리 호수를 다녀오게 된다.

필자도 교회의 배려로 두 내외가 성지순례를 갔다가 갈릴리 호숫가에서 하룻밤을 자고, 갈릴리 호수의 선상에서 찬송과 복음성가를 부르며 선상예배를 드린 기억이 생생하게 난다.

갈릴리 호수는 참으로 맑고 깨끗했다. 예수의 숨결을 느끼는 듯했다. 예수님의 체취를 느끼게 되었다. 한없이 울며 찬송하면서 주의 품에 안기는 포근함을 체험했다.

세계문명의 발상은 강에서부터 시작된다. 기독교 신앙의 원산지는 갈릴리 호수임을 잘 알고 있다.

갈릴리 호수의 풍랑은 황홀하고 주변은 예수님 당시 복음의 산실 같기도 하였다.

주님의 발자취가 선명하게 지금도 남아 있다. 예수님이 이곳에서 제자를 택하시고 교육하시고 많은 이적을 베푸시던 신앙의 고향이다.

주변 환경을 볼 때 주님의 비유와 설교의 내용이 정적이던 것이, 새삼 갈릴리 호수의 아름다움이 그림이 되고 시가 되고 노래가 되어 그대로 숨겨져 있다.

나는 갈릴리 호수를 거닐면서 갈릴리 호수 같은 사람이 되었으면 좋겠다고 생각했다.

갈릴리 지역은 예수님 공생애의 태반을 보내신 곳으로 매우 뜻깊은 곳이다.

갈릴리 호수는 보통 수면보다 약 200m가 낮은 분지 가운데 자리 잡고 있다. 동쪽으로는 해발 평균 700m의 광활한 골란 고원을 끼고, 서쪽으로는 관광도시 디베랴를 안고 있다.

갈릴리 호수의 최장 길이는 21km, 최장 폭은 11km, 총면적은 165㎢, 수심이 49m에 이른다.

갈릴리 호수에는 여러 종류의 물고기가 살고 있는데 그 종류만 37종이나 된다고 한다.

갈릴리 호수 주변은 예수님이 30년 동안 생활하시던 근방으로 예수님은 온 갈릴리를 다니시며 가르치시고 전도하시고 병을 고치셨다고 기록되어 있다.

갈릴리 지방은 지금도 이스라엘 국토의 북부 전 지역을 차지한다. 높은 강우량 때문에 아름다운 수림과 풍부한 작물을 생산한다. 기름지고 농사가 잘되는 곳이다.

나는 갈릴리 호수 같은 사람이 되고 싶었다.

영적으로 예수님처럼 복음사역을 하고 싶었고, 수심이 깊어 여러 종류의 물고기들의 활동처가 된 것처럼 넓은 마음, 깊은 마음으로 사람들을 포근히 감싸주며 생명력 있는 활동을 하게 하는 사람이 되고 싶었다.

강우량이 많으므로 아름다운 수림과 풍부한 작물을 생산하는 갈릴리처럼, 아름답게 하고 풍요롭게 살게 하는 삶을 살고자 다짐했다.

갈릴리는 두 가지의 젖줄기이다. 하나는 이스라엘의 공업용수·농업용수·식수로서 이스라엘 민족의 생명의 젖줄인 것을 생각한다. 또 예수님의 복음의 원산지로서 세계 인류에게 전해진 복음의 젖줄기인 생명강이다.

한없이 흘러주어도 항상 생동적이고 생산적이고 풍요로운 것이 갈릴리 호수의 자원이다.

주님은 인류의 갈릴리, 인류의 생명의 강줄기였다. 예수님의 생명 물이 흘러간 곳마다 문호가 열리고 문명이 꽃피고 열매 맺는 것을 볼 수 있다.

나는 이런 갈릴리 호수 같은 사람으로 일생을 살고 싶었다.

42. 감사하는 사람

세상을 사는 동안 불평하고 사는 사람, 절망하고 사는 사람, 감사하며 사는 사람이 있다.

인간의 삶에는 두 가지 형태가 있다. 감사하면서 살아가는 삶이 있고, 불만과 욕심대로 사는 사람이 있다.

야고보서 1장 15절에 "욕심이 잉태한즉 죄를 낳고 죄가 장성한즉 사망을 낳느니라"고 했다.

신앙으로 사는 자는 감사하면서 살아가는 사람이 되어야 한다.

욕심을 버리는 일로 구원받은 인간이기에 감사하고, 영벌에 처할 수밖에 없는 우리였지만 하나님의 사람으로 생산하는 삶을 살아가야 한다. 가시를 신앙으로 극복하고 감사하는 삶을 살아가야 한다.

고린도전서 15장 57절에 "우리 주 예수 그리스도로 말미암아 우리에게 승리를 주시는 하나님께 감사하노니"라고 했다.

요셉은 감옥을 학교로 삼고 정치를 배우고 세상을 배우며 꿈을 기르며 감사생활을 했다.

요셉이 애굽왕 바로 앞에 설 때 약관 30세밖에 안되었다(창 39: 21).

바울과 실라는 로마 감옥에 갇혔었으나(행 16:25) 한밤중에 옥문이 열려 찬미하고 기도하는 자유의 몸이 되었다.

"내게 능력 주시는 자 안에서 모든 것을 할 수 있느니라"는 자신감 속에서 살았다.

불만과 욕심대로 사는 사람들이 있다. 사사건건 불만을 토로하고 욕심대로 사는 사람들이 참으로 많다.

덕을 세우지 못하고 타인에게 손해를 끼치고 사회와 공동체의 암적 요소가 되기도 한다.

불만과 욕심대로 사는 사람의 결과는 가인에게서 볼 수 있다. 가인과 아벨 형제가 예배를 같이 드리는데 가인은 형식적으로 예배를 드리고 아벨만 축복받는 것을 보고 욕심이 생겨 시기・질투하여 아벨을 죽이고 만다.

오늘날에도 가인 같은 사람들이 많이 있다. 남이 축복받고 잘되는 것을 보고 시기・질투하여 죽이는 일을 일삼는 자들도 있다.

필자도 어떤 부류의 사람들에 의해 시기・질투를 받아 어려움을 겪었다. 공들여 쌓아놓은 탑을 허물어뜨리려는 사람들을 보았다.

롯의 처는 소돔과 고모라가 멸망할 때 미련을 두지 말고 떠나가라고 했는데 남아 있는 도시의 것들에 욕심이 생겨, 놓아 두고 온 자기 재산이 아까워서 뒤를 돌아보다가 소금기둥이 되어 버리는 수치를 당하였다(창 19:26).

사도행전 5장에 나오는 아나니아와 삽비라는 사도들의 설교에 감동과 감화를 받아 밭을 팔아 감사헌금을 작정하였으나, 욕심이 생겨 하나님을 속이게 되어 즉결심판을 받아 하나님의 진노를 받고 말았다.

불만과 욕심대로 사는 사람의 결과는 망하고 패한다. 하나님의 진노를 받는다. 우리 인생은 감사하며 살아야 한다. 성도는 진정으로 감사하며 살아야 한다.

성경에서 참 감사의 모습은 사도행전 2장에 잘 나타나 있다.

초대교회 성도들은 서로 물건을 통용했다. 서로 나누어 먹었고, 서로 사랑했다. 성전에 모이기를 힘썼다. 감사하기를 경쟁하듯 했다. 가난한 사람, 부자, 권세 잡은 자, 무식한 자, 건강한 자, 병든 사람, 모두가 서로 기뻐하였다. 이것이 참 감사의 모습이다.

데살로니가전서 5장 18절에 "범사에 감사하라 이것이 그리스도 예수 안에서 너희를 향하신 하나님의 뜻이니라"고 했다.

우리는 범사에 감사하며 사는 사람이 되어야 한다.

43.
결단의 사람

삶의 현실에서 결단해야 할 경우들이 수없이 있다. 바른 결단을 하는 경우도 있고 그른 결단을 내릴 때도 있다. 결단 결과에 따라 성공과 실패가 결정되고 좋으냐 나쁘냐도 판가름 난다.

우리 인간의 생활은 언제나 결단을 해야 하는 일상이다.

아침에 출근하는 사람들은 '어떤 넥타이를 매고 갈까?' 시장에 가는 주부는 '무엇을 살까?' 날씨가 좋지 않을 때는 '우산을 가지고 갈까, 아니면 그냥 갈까?' 모든 것을 결정하고 결단하고 결의하는 것이 인간의 삶의 한 방법이 된다.

인간이 결단을 내려야 할 시기에 내리지 못하면 큰 해가 되기도 한다. 제 시기에 결단을 내리고 실행하는 지혜와 용기는 큰 축복이 된다.

결단이란 앞으로 할 일을 분별하고 마음으로 결정하면 행동으로 행하는 것을 말한다.

결단에는 지혜와 용기가 필요하고 추진력이 있어야 한다.

우유부단한 성격은 결단의 용기가 부족하다. 라오디게아 교회도 미온적이며 우유부단한 교회였다.

성경의 인물 중에 결단의 사람, 용기 있는 사람, 위대한 결단을 한 사람이 있다. 바로 사도 바울이다.

바울은 360도 생을 변경시킨 사람이다. 그리스도인들을 원수로 여기고 핍박하고 잡아 죽이는 일에서, 이제는 자신이 그리스도를 믿고 반대로 죽음을 각오하고 복음을 전하는 행동은 무서운 결단인 것이다.

바울은 그리스도를 전하는 것이 결단이다. 설명하는 것이 아름다운 문학적 표현이나 시적인 표현이거나 지혜로운 말로 되는 것이 아니다. 생명을 거는 행동이며 용기이며 결단이다.

바울은 다메섹에서 새로 태어난 후로는 전혀 새사람이 되어서 복음을 전하는 사람이 되었으나 종종 옛날의 본 모습이 나타나곤 했다.

사도행전 17장에 나타난 대로 자기의 학문으로, 옛날 방식으로 변론하고 지식으로 설득해 보려는 것이 나올 때, 절대 자기를 포기하고 하나님만 의지하고 하나님의 능력으로만 단순히 믿고 단호히 전해야 된다고 다시 결단을 했다.

바울은 오직 복음만 위하여 전 생애를 바친 분이다.

아시아에서 마지막 복음을 전하고 성도들의 눈물의 간청도 뿌리친 채 예루살렘으로 순교를 각오하고 결단하고 갔다.

바울에게는 우정보다 인정보다 자신보다 복음을 먼저 생각하고 그리스도를 진력을 다하여 따르는 예수님을 흉내낸 것이 아니라 예수님을 신앙으로 따른 것이다. 살아도 주를 위하여 죽어도 주를 위하여 산 생활을 한 결단의 사람이었다.

바울은 디모데전서 1장 13절에서 "내가 전에는 비방자요 박해자요 폭행자였으나 도리어 긍휼을 입은 것은 내가 믿지 아니할 때에 알지 못하고 행하였음이라"고 했다.

바울이 알지 못할 때는 약한 자였으나 이제는 그리스도의 사람으로 예수를 위해 죽을 결단을 했다.

우리도 예수로 숨쉬고 예수로 잠들고 예수로 행동하고 예수로 이기는 자여야 한다.

오직 예수만 위하여 세상을 이길 것이다. 바울처럼 그리스도를 따르고 바울처럼 예수로 용기 있는 행동을 하며 주를 위해 죽을 각오가 된 결단의 사람이 되어야 한다.

오늘의 시대에는 바울처럼 용기 있게 결단하는 사람을 필요로 하는 시대이다.

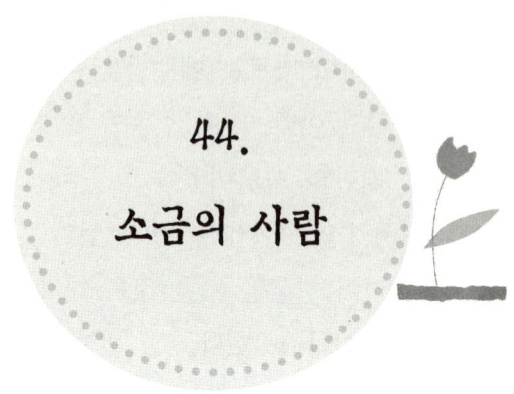

44.
소금의 사람

　식물에 빠져서는 안되고 없어서는 안될 것이 소금이다. 소금은 채소나 생선을 절이고 간을 맞추고 맛을 내는 데 결정적인 재료이다. 아무리 영양가가 있고 보기 좋고 먹음직스러워도 소금이 없이는 그 맛을 내게 할 수 없다.

　예수님 시대나 현대나 소금의 보편적인 성질은 평범한 듯하나 아주 귀한 것이다.

　인생을 사는 동안 값진 재료는 아니어도 소금처럼 결정적인 순간, 소금이 없으면 음식의 맛을 내게 못하는 것처럼 꼭 소금 같은 사람으로 살고 싶었다.

　소금은 순결한 것이며 맛을 내는 것이다.

　로마 사람들은 소금을 순결한 것으로 여기고 옛날 원시종교 제사 의식에 소금을 뿌렸다고 한다. 이것은 순결을 의미한다.

　소금은 순수한 바닷물을 가지고 순수한 태양열로 만들기 때문이다. 유대인들은 제사 때 소금을 친다. "네 모든 소제물에 소금을 치라 네 하나님의 언약의 소금을 네 소제에 빼지 못할지니 네 모든 예물에 소금을 드릴지니라"(레 2:13). 그리스도인은 세상의 소금이라는 말이다.

인간의 도덕성이 순결을 다 잃어버렸다. 인간의 의미를 잃어버렸다. 신자는 높은 순결과 성결과 경건성을 지켜야 한다. 진정한 신앙의 참맛을 드러내야 한다.

나도 소금처럼 순결하고 맛을 내는 사람으로 살고 싶었다.

소금은 방부제로도 사용된다. 소금은 어떤 물질이나 음식이 부패하여 변질되지 않도록 보호하는 데 사용하고 쇠퇴해지지 않도록 하는 데 사용되었다.

신자는 세상의 소금의 사명, 곧 방부제 역할을 해야 한다.

세상에는 분위기를 만든 사람도 있으나 나쁜 오염을 시켜서 주위를 타락케 한 사람도 있다.

성도는 어디에서나 방부제 역할을 해야 한다. 성도는 영향력을 미치는 사람이 되어야 한다.

유대인들은 믿을 만한 사람을 소금 같은 사람이라고 했다.

성도는 소금 같은 사람이 되어야 한다.

가을 김장에 거친 배추, 단단한 무를 소금에 절여 두면 배추도 녹초가 되고 무도 소금에 절여진다.

마찬가지로 아무리 야무진 사람, 거친 사람, 강퍅한 사람이라도 성도가 소금이 되어 서서히 절여 가면서 소금의 맛을 내면 녹아서 풍화되고 만다.

나는 세상의 소금처럼 살고 싶었고 또 그런 마음으로 일해 왔다.

소금은 희생되는 것이다. 소금은 그 자체가 완전히 녹아질 때 제 기능을 다할 수 있다. 소금의 본질은 희생이다.

소금은 갈증을 일으키는 것이다. 소금물을 먹으면 자꾸 갈증이 일어난다. 성도는 갈증을 일으키는 사람이 되어야 한다. 그리스도의 사랑, 그리스도의 인격, 그리스도의 희생, 이 모든 것으로 모든 사람이 그리워지고 부러워하는 그리스도의 갈증을 일으켜야 한다.

소금은 독특한 맛을 창조한다. 어떤 음식이든지 소금을 적당히 넣으면 녹으면서 독특한 맛을 창조한다.

세상에서 소금처럼 희생의 삶을 통해 독특한 맛을 내는 사람으로 살자.

소금은 평범하나 소금이 없으면 맛을 내기 어렵다. 없어서는 안되는 소금 같은 사람이 되자. 우리는 소금이다. 순결한 소금, 방부제 소금, 맛내는 소금, 희생하는 소금처럼, 소금의 사람이 되자.

소금처럼 세상을 정말 살고 싶었다.

45. 생각해 주는 사람

나 그네와 같은 세상에서 나를 생각해 주는 사람이 있다면 행복한 사람이다. 수천수만의 사람 중에 나를 알고 이해해 주고 도와주며 희생해 주는 사람이 있다면 그는 성공자이다.

부모·형제·자매가 없이 홀로 성장한 사람들은 늘 혼자라고 생각하고, 자신을 생각해 주는 사람이 없다고 슬퍼하며 공허하게 생각하고 허전함 속에 살아간다.

나는 과연 나를 생각해 주는 사람이 얼마나 될까. 곰곰이 생각해 볼 때 그리 많지 않은 것을 볼 수 있다.

진정 어렵고 힘들 때 의논의 대상이 없으며 찾아갈 곳이 없고 늘 혼자 해결해야 할 경우들이 많다. 형제자매가 없는 것도 아니고 친구가 없는 것도 아니며 동역자들이 없는 것도 아닌데 말이다.

그러나 힘들고 어려운 때를 만나면 진정으로 생각해 주는 사람이 나타나고, 때로는 아주 힘들게 하고 사람을 완전히 매장하려고 드는 사람들도 있다.

나는 누구인가? 힘들고 어려운 일을 만난 자를 위해 마음으로 생각해 주고 도와주려는 마음이 있다. 앞으로도 그렇게 살고 싶다.

교회에서 어렵고 힘든 자매를 도와주고 상담해 주며 그 길을 인도해 주려고 무던히 애를 써 주었다. 그때 시기하여 목사를 궁지에 몰아넣기에 혈안이 되었던 이리 같은 신자가 있는가 하면, 나의 진심을 이해해 주고 대변자가 되어 주고 혼자 욕을 많이 먹고 내 편이 되어 주는 성도를 볼 때, 정말 감사했고 존경스러웠으며 훌륭했다.

"하나님께서 세상의 미련한 것들을 택하사 지혜 있는 자들을 부끄럽게 하려 하시고 세상의 약한 것들을 택하사 강한 것들을 부끄럽게 하려 하시며 하나님께서 세상의 천한 것들과 멸시받는 것들과 없는 것들을 택하사 있는 것들을 폐하려 하시나니 이는 아무 육체도 하나님 앞에서 자랑하지 못하게 하려 하심이라"(고전 1:27-29)고 했다.

우리 인생이 무엇이관대 하나님은 하늘의 별을, 하늘의 해를 보게 하시며, 하나님의 사랑과 하나님의 자비와 생명의 보호를 받게 하시는지 감사할 뿐이다.

우리가 무엇이관대 하나님의 백성으로 하나님의 의로운 양자로 택하시고 축복하시는지 감사하다.

예수님이 나를 위해서 십자가의 피 흘리심으로 다시 살고, 영원히 살 길을 주시고 사랑하신 것은 하나님이 우리를 생각하여 주시고, 예수님이 우리를 사랑해 주셨기 때문이다.

본래 우리 인간은 상실된 인간, 파괴된 인간, 왜곡된 인간인 것이다. 인간은 패배이다. 절망이다. 고통이다.

고칠 수 없는 아픔을 품었다.

그러나 "주께서 저를 생각하시며"(사 8:3-9) 파괴된 인간, 죄로 멸망받을 인간, 너무나 약해서 절망한 인간을 고치시고 힘주시고 능력으로 일으키시고 생명을 붙들어 주시는 이는 생명의 주인이시며 인간의 주인 되신 하나님만이 해결하신다.

하나님은 우리를 기억하시고 하나님께로 돌아온 인생을 사랑하신다. 붙들어 주신다. 항상 인간을 생각하시고 기억하시는 하나님이시다. 하나님만이 진정 생각해 주시는 분이시다.

나도 하나님을 믿는 사람으로 인간의 범죄, 인간의 아픔, 인간의 슬픔을 이해하고 이웃을 생각해 주는 사람으로 살고 싶다.

생각해 주는 사람이 있을 때 행복하고 힘이 되고 소망이 되기 때문이다. 하나님처럼 생각해 주는 사람으로 살 수는 없을까?

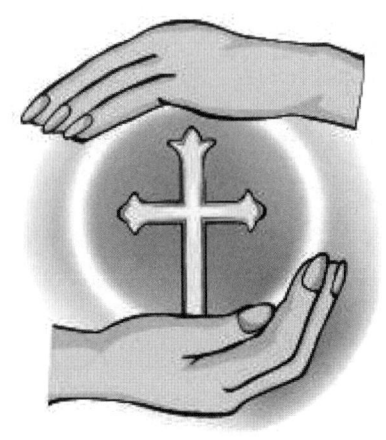

46. 배우는 사람

사람이 이 땅에 태어나서 배움의 과정을 통해, 변화되고 성장하며 성숙한 사람이 된다.

처음에는 엄마와 아빠가 교사가 되어 말을 배우고 습관을 배우며 생활의 능력을 배워 간다.

유치원이나 공적인 교육기관을 통해 배워 가면서 학문의 깊이와 더불어 살아가는 세상의 법을 배워 간다.

배우는 자는 잘 배우는 자도 있고 잘못 배우는 사람도 있다. 많이 배운 자도 있고 적게 배운 자도 있다.

배움은 그 사람의 대명사가 되기도 한다. 어디 대학 출신이고 어떤 박사 학위를 받았는가에 따라 사회 각계각층에서 필요한 대로 쓰임 받는다.

요즘 동국대 신정아 교수의 가짜 박사 학위 문제로 온 세상이 떠들썩하다. 광주 비엔날레를 위해 심사위원으로 위촉되면서 검증 결과로 인해 나타난 사태이다.

본인은 배움의 문제로 인한 화려한 시간을 가졌고 존경과 선망의 대상이 되기까지도 했으나, 35세의 짧은 인생 속에 비참한 결과를 초래한 일이다.

배움에 대해서는 너나할 것 없이 경쟁하는 듯 갈망하고 고지를 향해 걸어가고 있다.

그것은 남보다 나은 삶, 보다 가치 있는 삶, 세칭 성공적인 삶을 살고자 함이다.

세상의 학문도 중요하지만 우리 인생은 하나님의 아들인 그리스도에게 가르침을 받는 삶이 되어야 하겠다.

무엇을 배웠는가보다 바른 인간성을 배워야 한다. 사탄에게 끌려가는 사람은 지옥의 사람이요 멸망의 사람이요 실패의 사람이다. 그리고 불쌍한 사람이다.

그리스도에게 배운 사람은 천국의 백성이다. 승리의 사람이요, 영원한 생명을 소유한 사람이다.

그리스도 안에 들어온 사람은 생활방법이 유치하고 부패하고 죄로 오염된 것, 썩어지는 것, 자기중심적인 욕심과 정욕을 더러운 옷 벗어버리듯 벗어버린다.

그리스도 안에 들어와 살게 된 사람은 신령한 예복을 입고, 밝은 곳에서 그리스도의 향기를 날리며 의미 있게 살고 목적 있게 살고, 아름답게 살면서 그리스도에게 날마다 시간마다 새롭게 배워야 한다.

새로운 마음, 새로운 사상, 새로운 심령으로 살아야 한다. '새롭게', '새로운'이라는 의미를 가진 형용사는 헬라어로 다음과 같은 뜻이 있다.

'카이오스'는 신선하다는 의미로 새로움을 말한다. '네오스'는 젊다는 의미로서 새로움을 의미한다.

옛날에는 맛보지 못했던 하나님의 창조의 새로움으로 예수 안에서 아름답고 새로운 생활을 할 수 있다.

옛사람의 노쇠함을 벗어버리고 '영원한 젊음'으로 독수리처럼 힘 있고 능력 있는 강한 생활을 의미한다.

새사람은 하나님께로부터 지음받은 것이다. 하나님의 형상으로 지음받고 자식에 이르기까지 새롭게 된다. 의의 거룩함으로 새로운 사람이 되는 것이다.

예수 그리스도 안에서 사는 사람이 새사람이다. 하나님의 뜻대로 사는 사람이 새사람이다. 모든 생활이 밝게 빛나고 그리스도의 냄새를 풍긴다. 축복의 사람이요 승리의 사람이며 진짜 크리스천인 것이다.

우리는 예수님의 온유하고 겸손한 마음을 배워(마 1:29), 하나님의 백성으로 그리스도의 은혜 안에서 축복받은 사람으로 이 세상을 깨끗하게 살아야 하겠다.

47. 좋은 습관을 가진 사람

습관은 인간의 제2의 천성이다. 좋은 습관을 기르는 것은 큰 축복이 된다.

내 아내의 경우를 보면, 새벽기도회에 다녀와서 아침운동을 빠짐없이 하는 습관이 있다.

처음에는 복부비만 때문에 운동을 시작하더니 지금은 체형관리와 건강유지를 위해 비가 오나 날이 좋으나 나쁘나 겨울·가을·여름·봄, 계절에 구애받지 않고 꾸준히 운동하는 좋은 습관을 가졌다. 건강관리도 잘하고 건강한 정신으로 부지런히 활동하는 모습이 매우 좋다.

신앙생활에도 좋은 습관을 가지고 하나님께 영광 돌려 드리는 일은 매우 좋은 일이다.

필자는 새벽기도회에 다녀온 후 서재에 들어가서 말씀연구와 명상 속에 글을 쓰는 습관을 가지고 있다.

새벽은 정신이 맑고 깨끗하며 생각도 건강한 세계를 생각하게 되어, 마음의 진실을 담을 수 있는 글을 쓴다.

신앙생활에도 적극적인 행동, 박력 있는 예배생활, 뜨거운 열심, 부지런한 생활, 쉬지 않는 기도, 이 모든 것은 성도로서 좋은 습관으로 하나님께 영광 돌리는 것이다.

인간은 반드시 습관에 젖어 버리게 된다.

신앙생활도 처음부터 철저하게 하면 좋은 습관이 되어서 잘하게 된다.

우리 교회에도 보면 교회에 오자마자 예배시간이 되면 잠자는 습관이 있는 권사님이 계신다. 평상시에는 사람들 속에서 제일 왕성하게 활동하는 듯하고, 자기가 최고인 양 생활하는데 예배시간만 되면 잠자는 나쁜 습관을 갖고 있다.

겟세마네에서 예수님의 제자들이 기도하지 못하고 잠을 자다가 책망을 듣게 되었다. 심각한 죽음이 앞에 있는데 잠에 빠져든 제자들이다.

유두고라는 청년은 밤에 바울의 설교를 졸면서 듣다가 땅에 떨어져서 죽게 되었다(행 20:8-9).

예배 중에 졸고 있으면 신앙은 떨어지고 믿음이 죽고 있는 것이다. 생각이 사라진다. 그럴 때 마귀는 찾아온다. 그러므로 자기의 약한 부분을 알고 기도해야 한다.

질서를 지키기 싫은 자신, 책임을 느끼지 않는 자기, 사명을 회피하는 자기, 이 모든 것은 악한 습관이다.

예수님처럼 좋은 습관을 바로 세워야 한다.

예수님은 하루의 전도사업이 끝나고 내일의 전도사업을 위해서 다른 사람이 쉬는 밤이면 홀로 기도하러 산에 올라가서 기도로 준비하셨다(마 14:23).

하루의 삶을 반성하고 다음날을 기도로 결정한다는 것은 성공의 비결이다.

예수님은 완전하신 분이지만, 하나님이시지만, 능력이시지만, 하루를 시작하시기 전 새벽 미명에 일어나 한적한 곳으로 가셔서 기도하셨다(막 1:35).

세상을 구속하시려고 전도사업을 시작하시기 전에 먼저 40일 금식기도를 시작하신 분이다(마 4:2-3).

인류 구속을 위해 십자가를 지시기 전에 겟세마네 동산에 올라가 밤새워 피땀을 흘리며 결단의 기도를 하셨다(마 26:39).

예수님은 안식일이면 회당에 가셔서 가르치셨다(막 1:21).

예수님은 또한 습관에 따라 감람산에 가서 시험에 들지 않기를 기도하셨다(눅 22:39-40).

우리도 예수님처럼 좋은 습관을 가진 사람이 되어야 한다. S. 스마일즈는 말하기를 '사상을 파종하라 그러면 행동을 거둘 것이요, 행동을 파종하라 그러면 습관을 거둘 것이다.'라고 했다.

성도는 좋은 습관을 가진 사람이 되어야 한다.

48. 열매 없는 사람

계절 가운데 가을은 의미 있는 슬픈 계절이기도 하다. 찬바람이 불고 찬이슬이 내린 아침, 이파리 떨어진 열매 없는 가을, 나뭇가지에 바람이 불어오면 인생의 무상도 느끼게 되고 왠지 슬픈 것 같은 감정이 일어나는 계절이다.

가을은 수확의 계절이다. 알곡을 모아 곳간에 들이고 쭉정이는 불에 태워 버리는 계절이다.

"손에 키를 들고 자기의 타작마당을 정하게 하사 알곡은 모아 곳간에 들이고 쭉정이는 꺼지지 않는 불에 태우시리라."

열매 없는 가을은 가난하고 쓸쓸하고 외롭고 허전한 것이다.

풍성한 가을은 배부름과 웃음과 기쁨과 환희가 있다.

인생도 가을 같은 것이다. 인생에 수고의 보람을 느끼고 사는 사람은 이루 형언할 수 없는 행복이 있다.

인생의 아무런 수고도 열매도 뜻도 목적도 없다면 가을 인생이요 열매 없는 가을나무이다(유 1:12).

어떤 사람이 가을 나무와 같이 외롭고 실패한 자인가를 성경은 말하고 있다.

가인은 인류 최초의 살인자이다. 그는 열매 없는 인생을 산 사람이다. 자기 형제인 동생이 의롭고 경건하고 진실하고 정직하고 성실하며 하나님을 정성스럽게 믿는다고 시기와 질투로 형으로서 동생을 격려하기는커녕 자기 눈앞에서 죽여 없애버린 살인자이다.

정의를 살인하고 진리를 살인하고 자유를 살인한다면 가인은 언제나 쫓겨나야 하며 모든 사람들의 얼굴을 피해서 다녀야 하며, 두려움과 공포에서 벗어날 날이 없다.

가인은 가을나무와 같은 슬픈 사람이다. 성한 열매가 없다. 들판에 쫓겨나 숨어 다닌다. 가인은 열매 없는 사람이다.

성경은 고라의 패역을 좇아 멸망을 받았다고 했다(유 1:11).

권위에 도전하다가 멸망당한 고라 일당이다. 이스라엘 백성에게 레위 족속은 제사장 족속이다. 아론 자손도 제사장 족속으로 택함받았다. 그러나 고라 일당은 제사장 족속으로 선택받지 못했다.

고라는 다른 족속이 받은 제사장 쪽에 들어가지 못한 것을 불만불평하고 지도자 모세에게 반기를 들었다.

이스라엘의 지도자 가운데 모세에게 불만이 있는 250여 명의 지도자들이 평소 심령에 불만이 있는 고라 일당과 합하여 모세에게 도전했다(민 16:1-2).

고라 일당은 자기의 분수를 모르고 이용당한 가련한 사람들이다.

하나님이 주신 성직은 귀한 것이고 거룩한 것인데 고라의 잘못된 무리들이 성직에 도전을 했다.

교회 안에서도 장로직이나 권사직이나 안수집사직이 하나님께 봉사하는 직인데 업신여기고 깔보고 함부로 하는 경우가 있다. 더 나아가 목사의 목회에 도전하여 반기를 드는 고라 일당과 같은 사람들이 있다.

목회자는 고라 일당과 같은 사람들이 반기를 들고 행동을 함으로, 목회선상에서 십자가가 많고 희생의 길을 걸어야 한다.

가인이나 발람이나 고라와 같은 사람들은 열매 없는 사람들이다. 열매 없는 사람은 열매 없는 가을나무와 같다.

발람은 삯을 위하여 어그러진 길로 몰려갔다. 개인의 이권 욕망으로 하나님의 교회에 손해를 끼치고, 형제에게 신앙 방해를 하는 사람도 열매 없는 사람이며 하나님의 심판이 있다.

우리는 발람의 심정을 버리고 발람의 욕망을 버려야 한다. 욕망을 따라 사는 사람은 열매 없는 사람과 같다.

49. 예루살렘을 사랑하는 사람

사람마다 사랑하는 고향이 있다. 유대인이나 그리스도인들에게는 수천년간 신앙의 고향땅이 예루살렘성으로 굳혀져 있다. 예루살렘 성전을 또한 생명의 젖줄기처럼 생각했다.

예루살렘은 3천 년 전에 다윗 임금이 여부스족을 멸하고 다윗 왕국의 수도로 세운 이래, 수많은 정복자들이 다스리게 되었다.

오늘날 예루살렘성은 하나님의 성, 거룩한 성, 정의의 성, 믿음의 성, 평화의 성, 그리고 아름다운 성으로 알려지고 있다.

본래 예루살렘 성전은 솔로몬왕 4년 2월 2일에 시작하여 7년간의 공정을 거쳐 솔로몬왕 11년 8월에 완공을 본 것으로 고대건축의 금자탑이었다. 지금은 성전의 흔적은 없고 폐허화된 터 위에 모슬렘의 성전이 우뚝 서 있다.

예루살렘에서 유대인들에게 가장 성스러운 장소로 '통곡의 벽', 아이라고 부른 히브리말로 서쪽벽이라 부른다.

쌓은 벽의 큰 돌(가로 2m, 세로 1m)로 쌓인 아랫부분은 옛날 성전 기초라 하여, 유대인은 자기 조상들의 손때가 묻어 있으며, 이스라엘의 영원한 정신이 깃들어 있다 하여 크게 의의를 찾는다.

유대인들은 이 벽에 손을 대고 기도로 소원을 빈다.

솔로몬왕이 예루살렘을 건축 후 성전을 향해 기도하면 간구를 들어준다고 하였다(왕상 8:29).

그들은 항상 성전을 향하여 기도했고, 이슬람 교도들이 점령한 후에는 기원 7세기부터 통곡의 벽에서 기도하는 유대인 성도로 삼았다. 이 통곡의 벽에 머리를 대고 지금도 기도하는 모습을 볼 수 있다.

필자가 성지순례를 갔을 때 이 통곡의 벽에 머리를 대고 기도하는 사람들을 많이 보았다. 이들은 예루살렘을 사랑하는 사람들이었다.

오늘 우리는 예루살렘을 사랑하는 자들이 되어야 한다.

예루살렘은 오늘의 교회이다. 예루살렘을 사랑하는 사람들처럼 교회를 사랑하는 사람들이 되어야 한다.

시편 122편 6절에는 "예루살렘을 위하여 평안을 구하라 예루살렘을 사랑하는 자는 형통하리로다"고 했다.

예루살렘은 성도의 고향이다. 믿음의 원산지이다. 하나님의 성전이 있는 곳이다. 영적인 축복을 받는 것은 하나님의 교회이다.

성도를 택한 백성, 영적 이스라엘, 영적인 표현으로 예루살렘은 축복의 장소, 하나님의 교회를 말한다.

지금도 세상은 하나님의 교회 예루살렘을 여러 모양으로 밟는다. 고난과 슬픔의 역사가 제 아무리 거세다 해도 하나님의 교회 예루살렘은 하나님의 품안에 있다.

그곳에서 우리는 형통이 있고 참평안이 이루어진다.

이스라엘 여러 회당의 문은 전부 예루살렘 성전을 향하여 만들어져 있다.

다니엘은 예루살렘 성전을 향하여 기도했다. 우리는 예루살렘 거민이며 축복의 사람들이다.

예루살렘을 사랑하는 사람은 하나님의 거룩한 성에 살고 정의와 평화를 위해 일하고 하나님이 주시는 은혜와 평강이 넘치게 된다.

성도는 예루살렘을 사랑하는 사람들이 되어야 한다.

필자는 일생을 예루살렘을 사랑하는 자로 살았고, 교회의 화평과 일치를 위해 희생하였으며 예루살렘의 복을 바라보며 예루살렘의 평안을 구하였고, 예루살렘을 사랑하는 사람으로 형통한 복을 받았다.

50. 효도의 사람

세상에서 자기를 낳고 길러주신 부모님께 효도하는 사람은 좋은 자녀이며 귀한 존재이다. 불효자는 못난 사람이고 어리석은 인간이다.

효도의 사람은 복을 받는다.

인간의 가장 아름답고 이성적이다. 영혼이 있는 하나님의 창조물 중에 가장 고상한 작품은 인간이며, 그 인간의 가장 귀한 것은 하나님을 사랑하도록 되었고, 하나님의 특별하신 계명은 인간이 그 부모를 사랑하고, 그 부모에 대하여 효도하도록 명령하시고, 그 명령에 순종하고 복종하는 자에게 하나님은 축복하시겠다고 약속하셨다.

출애굽기 20장 12절에 "네 부모를 공경하라 그리하면 네 하나님 여호와가 네게 준 땅에서 네 생명이 길리라"고 하셨다.

신명기 5장 16절에는 "너는 네 하나님 여호와께서 명령한 대로 네 부모를 공경하라 그리하면 네 하나님 여호와가 네게 준 땅에서 네 생명이 길고 복을 누리리라"고 하셨다.

신명기 27장 16절에는 "그의 부모를 경홀히 여기는 자는 저주를 받을 것이라 할 것이요 모든 백성은 아멘 할지니라"고 하셨다.

효도는 하나님의 사랑이며 하나님을 섬기는 도리이며 인간의 사명이다.

인간의 도리 가운데 인간이 하나님을 사랑하는 것이며, 하나님의 사랑을 닮은 부모가 자식을 사랑하는 것이며, 자식이 부모를 사랑하는 것이 인간의 최고의 도리이다.

십자가 위에서 죽어가면서 육신의 도리를 다하고 어머니를 제자들에게 마지막 봉양을 부탁하신 예수님은 진정 효도의 사람이었다.

사회가 삭막하고 사랑이 식어버린 이 현실이 이렇게 무섭고 두려운 것은 사랑을 잃어버린 결과이다.

그러나 하나님 안에서 부모를 사랑하는 것은 가장 좋은 사랑이 되는 것이다.

부모 사랑의 가장 좋은 방법은 순종하는 것이다.

부모 사랑의 적극적인 방법은 공경이고 그의 말씀을 순종하는 것이 효도의 가장 좋은 방법이며, 염려를 끼쳐 드리지 않는 것이 효도이다.

부모를 공경할 때에 하나님의 약속의 말씀이 있다. 잘되는 약속을 하나님이 주신 것이다.

잘되는 것, 세상에서 축복을 받는 것은 부모와의 사랑을 버리지 않는 것이 하나님의 축복의 약속이 된다.

잘되는 사람은 어른을 존경할 줄 아는 사람이다.

윗사람을 몰라보는 사람은 곧 짐승처럼 하급인생이 되어버리고,

하나님의 사랑을 받지 못할 것이다.

부모를 공경하는 자는 땅에서 장수하는 복을 받는다. 부모를 거역하고 부모와 싸우는 것은 교회 부흥을 막는 것이며 인격적으로 세상 사람에게 대접을 받지 못한다.

"아내를 조롱하며 어미 순종하기를 싫어하는 자의 눈은 골짜기의 까마귀에게 쪼이고, 독수리 새끼에게 먹히리라"고 했다.

효도하는 사람에게는 네 생명이 길리라고 약속하셨다.

잘되는 복은 기도하고 효도하는 사람의 뜻이 형통한다는 뜻이다. 효도하면 그 결과 재산의 복도 받고(출 20:12) 자녀의 복도 받는다(엡 6:3).

장수하며 오래 산다는 것은 대대로 축복의 삶이 오래 이어진다는 것이다. 생명이 길다는 것은 연장한다는 뜻이다. 바로 장수이다. 즉 성공의 날이 이어진다는 뜻이 있다.

우리 그리스도인은 효도의 사람이 되고 축복받는 삶이 되어야 한다.

51.
열매 있는 사람

사람마다 자기가 이 세상에서 하는 일들이 있다. 그 하는 일을 통해 열매 있는 인생을 사는 사람도 있고, 열매 없이 슬프고 불행하게 끝나는 인생도 있다.

열매 있는 사람은 성공했다고 승리했다고 기뻐하며 환호를 받고 인정을 받으며 선망의 대상이 되기도 한다.

그러나 열매 없이 끝나는 인생은 자신도 불행하고 고통스럽고 수치스러우며 타인에게도 따돌림받고 별 대접을 못 받으며 별 볼일 없는 사람으로 취급을 받는다.

우리는 열매 있는 인생을 살아야 하며 열매 있는 사람이 되어야 한다.

열매가 없는 농부에게는 가을이 겨울보다 더 춥고 쓸쓸하다는 말이 있다.

열매에는 육신의 열매도 성령의 열매도 있다.

육신의 열매는 이 세상에서 자기 사명대로 재능대로 일하므로 성공적일 때 열매가 있는 것이다.

　사업을 하는 자는 사업을 성경적 경영을 통해 번창하고 번영하는 것을 말하고, 목회를 하는 사람은 성경적 모델을 따라 목회함으로 교회가 성장하고 부흥하여 교육·선교·봉사의 사명을 능력 있게 하는 일이다.

　그리고 개인적으로 5 달란트 받은 종과 같이 열심히 장사하여 갑절의 이익을 남김으로 잘했다고 칭찬받는 사람이 열매 맺는 사람이다.

　그러나 그리스도인들에게는 성령의 열매를 맺는 사람이 되어야 한다. 성령의 열매는 그리스도인들이 마땅히 맺어야 할 열매이다.

　대신 관계의 열매로 사랑·희락·화평의 열매를 맺고, 대인 관계의 열매는 인내·자비·양선의 열매를 맺으며, 대아 관계의 열매로는 충성·온유·절제의 열매를 맺어야 한다.

　위의 9가지 열매는 옛사람을 이김으로 맺는 성령의 열매이다.

　성령의 열매를 맺는 사람은 하나님께서 인정하시고 사랑하시며 하나님의 주신 사명을 잘 감당하는 사람이다. 사람들의 세계 속에서도 인정을 받고 사랑을 받으며 존경받는 사람이 될 수 있다.

　또한 우리 그리스도인의 삶 속에서 창조적이며 진취적이며 꼭 맺어야 할 열매가 있다.

　회개의 열매이다(마 3:8). 이는 죄를 자르는 작업이다.

　다윗과 베드로는 회개를 잘함으로 직책을 다시 회복하였고, 많은 결실을 맺은 사람들이다.

　의의 열매를 맺어야 한다(빌 1:11). 이 열매는 예수 그리스도와 접

붙임으로 맺는 의의 열매이다.

입술의 열매인 찬송의 열매, 기도의 열매, 전도의 열매, 영생의 열매를 맺어야 한다. 이는 희생의 열매 없이는 맺어질 수 없다. 십자가의 희생은 밀알의 썩음으로 열매를 맺는 기독교의 특징을 잘 증명하는 귀한 열매이다.

우리 인생의 삶, 신앙의 결산은 원인에 의한 결과, 즉 열매임을 알 수 있다. 내 자신의 존재도 우연이 아닌 창조의 열매로 있게 된 것이다.

그런데 만사의 철칙이 있으니 '심은 대로 거둔다'는 것이다. 팥 심은 데 팥 나고 콩 심은 데 콩 나는 것이다. 많이 심는 곳에서 많이 거두고 적게 심은 곳에서 적게 거두고 심지 않으면 아무것도 거둘 수가 없다.

그리스도인들은 좋은 열매를 많이 맺는 사람이 되어야 한다.

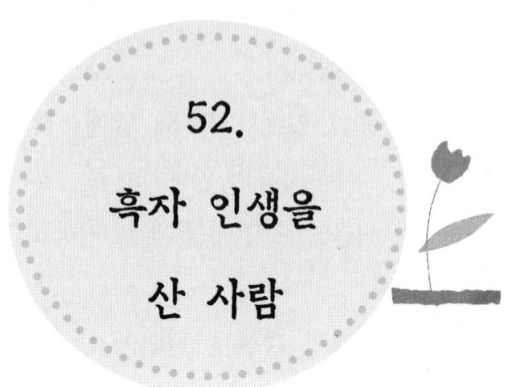

52. 흑자 인생을 산 사람

모든 일이 시작할 때가 있으면 끝날 때가 있다. 한 해가 시작해서 끝나는 길목에 서면 개인이나 회사·교회나 국가도 한 해의 삶을 뒤돌아보면 새로운 각오와 결심, 새로운 계획을 세우게 된다.

필자도 평생 목회사역에 종사하여 40년의 세월이 흘렀고, 한 교회에서만도 24년 세월이 흘러 은퇴할 날을 몇 해 앞두고 그동안의 사역이 흑자 인생인가, 적자 인생으로 살았는가 회고해 본다.

마태복음 25장 19-30절에서 보면, 달란트 비유로 재능대로 맡긴 달란트에 대한 주인의 종들에 대한 결산의 내용이 나온다.

지난 24년 세월 동안 인천에 와서 한 교회에서 목회하면서 시간의 달란트를 받아서 주님을 위해서, 이웃을 위해서, 목회를 위해서 얼마나 흑자를 냈는가?

돌아보면 흑자보다는 적자가 아닌가 생각해 본다.

에베소서 5장 16절에 "세월을 아끼라"고 말씀하셨는데 과연 세월을 아끼며 살아 왔는가?

세월을 아끼는 방법은 현실에 충실해야 한다. 현실에 충실하지 못한 자는 미래에도 충실할 수 없다. 오늘도 충실하게 살 때 내일이 두렵지 않을 것이다.

현실에 충실하지 못한 자는 만사를 불평하고 부정한다. 자신을 나태하게 만들어서 나중에는 파괴시켜 버린다. 현실을 충실하게 살게 되면 온갖 좌절도 이겨낼 수 있다. 실의와 절망에 빠졌다가도 일어설 수 있다.

오늘의 삶에 충실하여 최선을 다하는 자는 흑자 인생이다. 나태하고 불충한 자는 적자 인생이다.

나는 실적 위주로 한다면 흑자 인생을 살지 못한 것 같다.

그러나 한결같이 좌로나 우로나 치우치지 않고 믿음의 정로를 가고자 했고, 오늘의 삶에 충실했고 내일의 소망을 버리지 않고 살아 온 면에서는 흑자 인생을 살았다고 말하고 싶다.

그러나 세상은 물량주의 평가, 인기몰이 평가를 하는 추세이니 그런 면에서는 자신이 없다.

그러나 마지막 날 하나님 앞에 서는 날, 하나님의 평가 속에 "잘하였도다 착하고 충성된 종아" 하는 검증을 통한 평가를 받기를 기대해 본다.

주님께서는 하늘로 승천하시면서 가장 중대한 복음의 달란트를 주고 가셨다. 그래서 바울은 로마서 1장 14절에 "헬라인이나 야만인이나 지혜 있는 자나 어리석은 자에게 다 내가 빚진 자"라고, 이 빚

매력 있는 사람 | 167

을 갚기 위하여 그는 산 넘고 물 건너 일생을 복음 전도에 몸을 바쳤던 것이다.

고린도전서 9장 16절에 그는 말하기를 "내가 복음을 전할지라도 자랑할 것이 없음은 내가 부득불 할 일임이라 만일 복음을 전하지 아니하면 내게 화가 있을 것"이라고 했다. 피할 수 없는 복음의 달란트를 받은 것이었다.

사나 죽으나 주를 위해 살았다. 그리하여 유럽과 아시아 지역에 복음의 문이 열렸다.

나의 목회는 적자인 것 같았다. 그러나 최선을 다해 복음을 위해 일해 왔으니, 하나님이 흑자 인생을 산 사람이라 인정해 주셨으면 하는 소망을 가져본다.

53. 창조적인 사람

하나님께서 창조적인 일을 첫째날부터 시작하셨다. 우리들의 생활에 있어서는 오늘이 내 인생의 첫째날이라는 각오로 산다면, 우리들의 인생과 생활관에 획기적인 변화가 올 것이다.

창조적인 삶은 창조적 희망을 가져야 한다.
"태초에 하나님이 천지를 창조하시니라"(창 1:1). 창조란 말은 '새 것을 만드는 것'이다. 그러므로 창조적 희망은 새 희망을 만드는 것이다. 매사에 창조적 희망을 가지고 새롭게 전진하는 것이다. 창조자에게는 절망이 없다.

그러므로 창조의 계승자, 즉 하나님의 자녀인 우리들에게는 절망이 없어야 한다. 첫째날이 있으면 반드시 그 다음날이 있다. 내일을 계승하는 것은 곧 우리들의 희망이다. "사람에게만 하나님께서 생기를 불어 생령이 된지라"고 증언하고 있다. 생명이 있어야 자랄 수 있다. 생명은 하나님께로부터 받은 선물이다. 그리스도의 생명이 없는 사람은 죽은 사람이요 생명이 없는 교회는 죽은 교회이다. 생명이 없이는 창조적인 삶을 살 수 없다. 예수 안에서 창조적인 희망을 가질 때 창조적인 삶을 살 수 있다. 창조적인 희망, 즉 새 희망을 가지고 1997년도 한 해를 힘차게 살아가기를 바란다.

창조적인 삶은 창조적인 열심이 있어야 한다. "하나님이 이르시되 빛이 있으라 하시니 빛이 있었고"(창 1:3). 빛이 있으리라는 말씀은 빛 된 삶을 살라는 것이다. 빛 된 삶은 창조적 열심히 있어야 한다. 창조적 열심은 새로운 열심을 내는 것이다. 요한복음 9장 4절 말씀에 "때가 아직 낮이매 나를 보내신 이의 일을 우리가 하여야 하리라 밤이 오리니 그때는 아무도 일할 수 없느니라"고 하셨다. 육체에도 밤이 오고 명예에도 밤이 오고 재물에도 밤이 온다. 모든 것이 멈추는 때가 밤이다. 그러므로 우리는 밤이 오기 전에 '오늘이 내 인생의 첫째날'이라는 각오를 가지고 살아야 한다.

바울은 믿음의 아들 디모데를 향하여 이와 같은 말을 했다. "그러므로 내가 나의 안수함으로 네 속에 있는 하나님의 은사를 다시 불일 듯하게 하기 위하여 너로 생각하게 하노니"(딤후 1:6). '하나님의 은사를 다시 불일 듯하게 하라'는 말씀은 처음 세례받을 때, 처음 안수받을 때, 처음 직분받을 때같이 첫 열심과 정성을 바치라는 말이다. 첫사랑·첫열심을 찾아야 한다.

우리는 세상 부귀영화에서 병들기 쉽다. 욕심과 교만으로 사랑을 잃기 쉽다. 친구를 잘못 사귀어서 하나님께 멀어질 수 있다. 히브리서 10장 25절에 "모이기를 폐하는 어떤 사람들의 습관과 같이 하지 말고 오직 권하여 그 날이 가까움을 볼수록 더욱 그리하자"는 결심을 가지고, 첫 열심을 잊지 말아야 한다. 1997년 한 해도 열심히 살아가는 신앙의 승리자, 인생의 성공자들이 다 되시기를 바란다.

창조적인 삶, 창조적인 용기가 필요하다.
"빛이 하나님이 보시기에 좋았더라"(창 1:4). 그리스도인에게서 빼놓을 수 없는 것이 용기이다. 하나님의 일은 맡은 자들에게 필수적인 것이 이 용기이다. 하나님께서 여호수아 장군을 이스라엘 민족의 총수로 임명할 때에 그에게 용기를 주셨다. "강하고 담대하라 두려워하지 말며 놀라지 말라"(수 1:9). 하나님께서는 그에게 창조적 용기를 주셨다. 용기를 잃은 지도자는 백성을 이끌어 나갈 수 없다.
용기를 잃은 일꾼들은 비겁하다. 용기를 잃은 그리스도인은 신자의 위치를 지킬 수 없다. 순탄할 때의 용기는 필요 없다. 그리스도인들이 가는 길은 순탄치만은 않다. 생명의 길은 험한 길이다. 그러므로 용기가 필요하다. 대중들의 원성을 사기도 하고 사소한 의견 차이로 불평을 듣기도 하며 경제적인 난관에 봉착하기도 한다. 그러나 우리는 두려워하거나 놀라지 말자.
우리들의 앞에 불기둥과 구름기둥이 있음을 기억하고 창조적 용기를 가지고 행진을 계속해야 할 것이다. 창조적인 삶은 창조적인 용기가 필요하다. 새 역사의 장을 연 처음 창조와 같이 오늘 이 시대에 사는 한 우리 온 가족들은 창조적 희망을 갖고 창조적 열심을 내며, 창조적 용기를 가지고 창조적인 삶을 창출하는 97년 새해가 되시기를 바란다.

54. 새롭게 시작한 사람

새해를 맞는 모든 성도들 위에 하나님의 은혜와 평강이 충만하시기를 기원한다.

새해가 되면 모든 것이 새롭다. 달력도 새롭고 기분도 새롭고 계획도 새롭다. 그러므로 신앙생활을 하는 성도들도 새해를 맞아 새롭게 시작해야 한다. 마음을 새롭게 하여 변화를 받아 하나님의 선하시고 기뻐하시고 온전하신 뜻대로 신앙생활을 해야 하겠다.

지난해를 회고해 보면 경제적 고통과 사회적 불안과 정치적 상황이 표류함으로 말미암아, 각계각층에 구조 조정을 통한 생존권 문제에 위협을 받아 가정의 파괴와 상실된 상황에 처한 자들이 많아지고, 삶의 희망보다는 절망의 나래가 드리운 듯한 현실이었다.

묵은해의 소산은 아픔·실패·고난·좌절이었다면 새해를 맞아 환난과 고난을 딛고 다시 새롭게 시작해야 하겠다. 새해를 맞이한 성도들의 마음속에 미래를 향해 나아가기 위한 하나님과의 새로운 만남이 요구되고 하나님 앞에서 새로운 결단이 이루어져야 하겠다.

새해를 맞아 새롭게 해야 할 것이 무엇인가를 살펴보기로 한다.

1. 마음이 새로워져야 한다.

시간적인 경과에 따라서 해가 바뀌고 새해가 되었다고 할지라도 우리가 만일 낡은 의식구조와 잘못된 생활태도를 가지고 있다면, 여전히 우리는 실의와 절망에 빠지고 말 것이다. 마음을 새롭게 하여 새로운 삶의 태도와 새로운 의식구조, 새로운 신앙의 결단을 가지고 출발해야 새해에는 축복을 받게 될 것이다.

새해에는 마음이 새로워져야 한다. 마음이 새로워지지 않으면 삶의 태도도 의식구조도 변하지 않고 생각도 달라지지 않는다. 마음을 새롭게 할 때 모든 것이 변화되고 새로워질 수 있다. 하나님은 인간에게만 가장 복된 것을 주셨다. 그것은 머리로 생각하고 마음으로 결정하고 행동으로 옮기게 하는 기능이다. 세상의 모든 물건들은 모두 사람들이 만들어 낸 것이다. 좋은 생각을 가진 사람들은 착한 마음으로 좋은 물건을 만들어 내고, 나쁜 생각을 가진 사람들은 나쁜 마음으로 나쁜 물건을 만들어 낸다.

똑같은 도구도 좋은 생각과 착한 마음을 가진 사람들이 사용하면 인류 공익을 위해서 유익을 주는 결과를 가져오지만, 옳지 못한 생각과 악한 마음을 가진 사람들이 사용하면 엄청난 재해를 불러오는 저주의 도구로 바뀌기도 한다. 사람은 착한 마음을 가지고 살아야 옳은 생각을 하고 좋은 일을 할 수 있다.

우리의 마음을 새롭게 해야 한다. 마음이 새로워진다는 것은 미워하던 마음이 사랑하는 마음으로 변하고, 원망하던 마음이 용서하는 마음으로 바뀌고 절망하던 마음이 소망 중에 즐거워하는 마음으로 달라지고 슬퍼하던 마음이 기뻐하는 마음으로 변화되는 것이다.

금년에는 무엇보다도 마음을 새롭게 함으로 변화를 받아 하나님의 선하시고 기뻐하시고 온전하신 뜻대로 살아가는 성도들이 다 되시기를 바란다.

2. 시각이 새로워져야 한다.

사람이 사물을 보는 시각에 따라 좋게도 보고 나쁘게도 본다. 보는 각도에 따라 그 내용과 본질이 달라질 수 있다. 옳게 보고, 바르게 보고, 정확히 보는 시각이 중요하다. 매사를 옳게 볼 때 오해가 없고 편견이 없으며 사랑스럽게 보인다. 아담과 하와의 실패는 시각의 굴절에서 비롯되었다. 그들은 보지 말아야 할 것을 보았을 뿐 아니라 잘못 보았다.

롯의 처도 보지 말아야 할 것을 보았기 때문에 소금기둥이 되고 말았다. 무엇을 보느냐, 어떻게 보느냐, 어떤 마음으로 보느냐가 중요하다. 하나님께서 아브라함을 소명하신 후 그에게 자손을 주시기 전에 먼저 환상을 주셨다. "네 자손을 땅의 모래와 같이 하늘의 별과 같이 주겠다"고 약속하셨다. 아마도 그 약속 당시 아브라함을 밖으로 불러내어 별을 보여주시면서 "보라 저 무수한 모래만큼 내가 네게 자손을 주겠다"고 약속을 하셨을 것이다. 이것이 환상적인 하나님의 약속이다. 그때부터 아브라함은 마음속에 풍부한 환상을 가지고 살아가게 된다. 하나님이 제시해주신 환상적인 하나님의 약속을 믿고 나아갈 때 하나님이 아브라함을 축복해 주셨다.

모든 것에 긍정적인 시각을 가지고 살아야 한다. 하나님이 제시하여 주신 환상대로 이루어 주실 줄 믿고 순종했을 때 아브라함은 복의 근원이 되었다. 부정적으로 보던 시각이 긍정적인 시각으로 변하고, 소극적인 모습에서 적극적인 모습으로 달라지며 현세적인 시각에서 미래지향적인 시각으로 달라지는 것이 시각이 새로워지는 것이다.

신앙의 가치관도 역사관도 세계관도 긍정적으로 창조적으로 미래지향적으로 달라질 때, 세상도 변하고 교회도 변하고 자신도 달라지게 될 것이다.

이스라엘 12 정탐꾼들이 가나안 땅을 탐지하고 돌아와서 보고하는 사실을 보면, 10명의 정탐꾼들은 부정적인 보고를 하였고, 여호수아와 갈렙은 하나님이 함께하시면 능히 그들을 이길 수 있다는 긍정적인 보고를 하였다. 긍정적인 시각으로 신앙적인 입장에서 볼 때, 역사는 변하고 삶의 질도 변화되며 삶의 가치도 새로워지는 것이다. 긍정적이고 신앙적인 시각에서 본 두 사람의 뜻에 하나님이 손들어 주셨고, 가나안 땅을 허락하였다.

금년 한 해도 사회환경과 삶의 현실은 전년보다 더 좋아질 형편이 아니고, 도리어 어두운 면이 많이 있다. 그러나 그리스도인들은 긍정적인 시각과 옳게 보고 바르게 보며 정확히 보는 시각으로 어제보다 오늘이, 오늘보다 내일이 더 향상되고 발전되며 더 남은 축복의 땅으로 인도하여 주시리라는 신앙으로 사시기를 바란다.

하나님은 아브라함에게 환상을 주심같이 우리에게도 환상을 주신다. 긍정적이고 신앙적인 시각을 갖고 살 때 크고 놀라운 하나님의 축복이 함께하실 것이다.

3. 의식이 새로워져야 한다.

성경은 옛사람의 그 행위를 벗어버리고 새사람을 입으라(골 3:9)고 하였다. 사람의 의식은 그 사람의 생활을 지배한다. 의식구조가 잘못되어 있으면 구태의연에서 헤어날 길이 없다.

오늘날은 첨단의 시대이다. 정보화 시대이다. 이 시대에 아직도 구태의연한 의식에 사로잡혀 살게 되면 자유한 신앙을 가질 수가 없다. 우리는 예배의식도 새로워지고 신앙의식도 새로워지며 사명의식을 새롭게 해야 한다. 새 시대는 새사람을 요구하고 새 정신과 새 마음을 필요로 한다. "이전 것은 지나갔으니 보라 새것이로다. 그런즉 누구든지 그리스도 안에 있으면 새로운 피조물"이라고 했다.

새해에는 새로운 마음과 생각을 가지고 살아가자. 보는 시각도 새롭고 옳은 의식을 가지고 살아가자. 그래야 삶이 새로워지고 생활이 변화되고 신앙의 질도 달라지게 될 것이다.

금년에는 무엇보다도 먼저 하나님을 위해서 헌신하는 생활이 되고, 새로워지는 생각과 새로운 마음의 자세를 가지고 창조적이고 긍정적이며 신앙적인 삶을 살아가자. 그러할 때 하나님의 축복을 받는 예수 닮은 사람으로 변화되어, 세상을 변화시키고 하나님 나라를 확장해 가게 될 것이다.

55. 인간다운 사람

요즘 세상 사람들은 하나같이 사리사욕에 급급하여 사회윤리나 도의적 책임 따위는 내팽개친 지 이미 오래인 것 같다.

정치인·기업주·교육 지도자·종교인들에 이르기까지 모두가 후안무치한 뻔뻔스런 얼굴들이 많이 나타나고 있다.

예컨대 국민의 선량이라 불리는 국회의원들은 청탁성 뇌물을 받고 호화판 외유를 즐기고, 교육감 선거의 부정시비에 쇠고랑을 차고, 유치원 원장이 원생들을 상대로 성추행하고, 영창에 가고 싶어 일가족을 살인하는 끔찍한 사건들이 연이어 일어나 생명의 존엄성을 상실한 가운데 사회에 악영향을 끼치는 뻔뻔한 얼굴들이 있다.

자신들을 가르치며 선도하는 교수들을 조롱하며, 당신들은 학생시절이 없었느냐고 그릇된 사상과 윤리 파괴적인 길을 걷는 오늘의 일부 대학생들, 참으로 가슴 아픈 일들이 일어나는 시대이다.

이러한 부정과 부패와 불의를 보며 '인간다운 인간', '인간다운 삶'을 사는 사람들이 그리워지는 마음이다.

오늘의 시대풍조가 '인간다운 인간'이 되는 것보다 '성공한 인간'을 더 쳐주는 세상이 되었고, 성공한 인간이란 권력·명예·금력을 몽땅 한손에 쥔 사람을 의미하고 있다.

그러나 이 사회는 '성공한 사람'만 원하지 않는다. '인간다운 인간', '인간다운 삶'을 사는 사람을 더 원하고 있다.

성경 말씀 열왕기상 17장 8-16절에서 보면, 악정을 행하던 아합왕 때에 사르밧에 사는 두 모자가 있었는데, 흉년이 들어 먹을 것이 없어 굶어 죽게 될 처절한 환경 속에 놓이게 되었다. 마지막 양식을 가지고 떡을 만들어 먹기 위해 나뭇가지를 줍고 있는데, 길 가던 행인 선지자 엘리야가 그 여인을 향해 물 한 그릇을 원하였다.

그리하여 물을 가지러 가는데 다시 불러 말하기를 물만 말고 떡도 한 조각 갖다 달라고 요구했다. 그때 그 여인은 처절한 환경 속에서도 거절하지 않고 물과 떡을 만들어 그 행인을 먼저 대접했다는 말씀이 있다. 우리는 이 기사 속에서, 이 여인의 모습을 통해서 '인간다운 삶'의 모습 세 가지를 발견할 수 있다.

1. 기막힌 현실 앞에서도 원망 없이 자기의 삶에 최선을 다한다.

이 여인이 최후 순간까지 나뭇가지를 줍는 것은 마지막 양식을 가지고 떡을 만들어 먹기 위해서이다. 이 여인의 환경이 흉년이 들어 먹을 것이 없어 이제 마지막 양식만 남은 현실이라면 기막힌 현실이 아닐 수 없다. 이런 기막힌 현실 속에서 원망 없이 자기 인생의 마지막까지 자신의 삶에 최선을 다한 것이다. 여기에 인간다운 삶의 모습을 엿볼 수 있다.

2. 말할 수 없는 곤고한 환경에서도 조건 없이 이웃을 사랑했다.

자신의 굶주림 때문에 곤고한 환경인데도 요구를 거절치 않았고, 사랑으로 이웃을 돌보고 자기를 희생하여 마지막 양식으로 나그네를 대접했다.

아무런 조건도 없이 이웃을 사랑하고 자기를 희생한 삶은 극치의 삶이요, 인간다운 삶인 것이다.

3. 처절한 운명 속에서 불평 없이 하나님께 헌신했다.

이 여인은 마지막 양식으로 하나님의 종 엘리야의 것을 먼저 만들어 대접했다. 엘리야가 누구인가? 하나님의 종이었다.

엘리야의 것을 먼저 만들었다는 것은 하나님께 온전히 헌신한 삶이다.

인간다운 삶은 말할 수 없는 가난한 환경에서도 원망 없이 자기의 삶에 최선을 다하는 것이고, 곤고한 환경 속에서도 조건 없이 이웃을 사랑하는 데 있으며, 처절한 운명 속에서도 불평 없이 하나님께 헌신하며 사는 삶이다.

우리 모두 사르밧에 사는 모자처럼 인간다운 삶, 극치의 삶을 사는 성도와 시민이 되기를 기도한다.

56. 섬김과 나눔의 사람

예수님께서 이 땅에 오셔서 활동하신 3중 사역은 "회당에서 가르치시며 천국복음을 전파하시고 각색 병자와 약한 자를 돌보시는" 일이었다. 즉 교육·선교·봉사의 사역을 감당하셨다.

그리스도인의 사회적 책임은 봉사의 사명을 잘 감당해야 하는 데 있다.

선교 21세기를 향해 나아가는 한국교회는 아직도 개교회 중심에서 벗어나지 못하고, 해외선교와 자체 교회성장을 위해서는 많은 투자를 하면서도 사회적 봉사활동에는 아직도 미흡한 점이 많다고 지적할 수밖에 없다.

아직도 사회 구석진 곳에서 힘들고 어렵게 살아가는 사람들인 장애인들이 많이 있다. 결손된 가정의 버려진 노인, 산업재해로 인해서 고통받는 이웃들이 많이 있다.

국민소득 1만불 시대에 기본 생계비조차 마련하지 못해 고통당하는 이웃들이 있다. 인간답게 대접받고 같은 인간으로서 대우받기보다는 동정과 시혜의 차원에서만 대접받는 사람들이 우리의 소외된 이웃들이다. 사랑으로 돌보며 섬겨야 할 교회가 문턱이 높아 교회를 멀리서 바라보는, 진정 그들이 원하는 교회의 실종을 이 땅의 교회는 무어라 말할 수 있겠는가?

교회는 이제 내적인 상황이나 해외선교적인 방향에도 힘써야 하지만 국내적 상황에서 사회적 책임에 일익을 감당하는 쪽으로 눈을 돌리고, 보다 깊은 연구와 정책을 수립하여 사회 속에서 빛과 소금 되는 교회의 사회적 책임에 최선을 다할 수 있도록 힘써야 할 때이다.

지금까지 한국교회 그리스도인들은 복받는 것에만 관심이 있고 주는 것에 대해 배우지 못했다. 그래서 이기적·개인적인 신앙으로 사회와 이웃에 대한 책임의식이 결여되어 있다.

그러나 성경은 분명히 가르치고 있다. 행함이 있는 믿음이 믿는 자의 마땅한 생활이라고 말이다.

기독교의 진리의 핵심은 사랑이다. 그리스도인의 정신과 마음과 생활을 본받아 사랑을 실천하는 삶이 그리스도인의 사회적 책임을 감당하는 일이라 여겨진다.

그러면 사랑은 무엇인가?

여러 가지로 해석할 수 있으나 윤리적인 삶이 그 중요한 내용이라 할 수 있다. 하나님 자신이 사랑이다. 우리를 먼저 사랑했기 때문에 우리도 사랑의 사람이 되어야 하고 사랑을 실천해야 한다. 그러나 손해보지 않고는 윤리적이 될 수 없고 희생 없이 사랑할 수 없다. 우리가 먼저 희생하는 사람들이 되어야 하고, 힘을 합쳐야만 사회에

영향을 미칠 수 있으며 사회 부도덕에 대해 선한 비판을 할 수 있는 것이다. 인간은 약하기 때문에 혼자서 하기는 힘들다. 힘을 합쳐야 상호간, 그리고 교회와 사회에도 영향을 미칠 수 있다.

우리 그리스도인들은 예수님의 마음을 품고 사회적 책임인 섬김과 나눔의 삶을 실천해야 할 때이다.

요한복음 6장에 보면 예수님이 얼마나 많은 것을 베푸셨나를 알 수 있다. 5절 이하에 보면 많은 병자를 고치셨다. 그리고 예수님은 먼저 가서 주는 사람이었다. 예수님을 따르던 많은 사람들은 다 고침을 받았다. 38년 된 베데스다 연못가의 병자, 12년 동안 혈루증을 앓던 여인 등을 고치셨고, 회당장 야이로의 딸과 나사로를 살리셨다. 이 모든 것은 베푸시는 예수님의 은혜이다.

예수님의 마음은 낮추시는 마음이었다. 예수님의 마음은 온유하고 겸손한 마음으로 자신을 낮추시는 마음이었다.

바리새인과 서기관들이 간음 중에 잡힌 여인을 끌고 오는 장면을 요한복음 8장에서 본다. 여기에서 이 여인을 대하시는 모습은 용서하고 관용하시는 마음, 자신을 낮추시는 모습을 읽을 수 있다.

우리의 봉사 활동을 통해 섬김과 나눔의 삶을 살 때도 자신을 나타내지 않고 낮추는 마음을 가지고 일하라는 교훈으로 알아야 한다.

이제 한국교회 그리스도인들은 큰 교회당 건물, 많은 헌금에 흥분할 것이 아니라 하나님께로부터 점점 멀어져 가고 있는 나 자신의 영혼을 붙들고 매질을 해야 할 때이다. 무슨 일, 무슨 사업을 한다고 떠들어댈 것이 아니라 하나님께 초점을 맞추고, 복음증거와 사회봉사적 책임을 다하는 데 전력을 다할 때이다.

하나님의 정의가 이 사회에서 실현 증진되고 그리스도의 평화가 이 나라를 뒤덮을 수 있고, 그리스도의 참사랑이 실천되는, 더불어 사랑하며 사는 날을 우리 몸으로 살며 기도하며 살아야 하겠다.

나 자신부터, 내 교회로부터 시작되는 사회적 책임을 다하는 작은 등불이 되어야겠다.

이제 교회는 밖을 향해 눈을 돌려 그늘진 곳에서 외로워하며 살고 있는 소외된 이웃을 향해 섬김과 나눔의 삶을 실천하여 그리스도인의 사회적 책임으로 감당하며, 세상 속에서 함께 호흡하는 교회가 되어야 할 때이다.

57.
밤중의 사람

지구의 공전·자전을 통해 낮과 밤이 있듯이, 인생의 삶 속에서 밤이 있을 때가 있다. 갑자기 건강이 나빠졌다든가 직장을 잃었다든가, 사업에 실패가 생기고 가정에 걱정이 생긴 것은 우리 인생의 삶에 밤이 찾아온 것이다.

본문에 나오는 욥은 참 행복한 사람이었다. 모든 면에서 부족함이 없는 성공적인 삶을 살았다고 할 수 있다.

그런데 그런 그에게 하루아침에 무서운 재난이 그의 가정을 덮쳤다. 모든 것들이 사라지고 남은 것이라고는 목숨 하나밖에 없었다.

그때 욥과 같은 의인에게 고난이 찾아왔는가 하는 문제를 놓고 그의 친구 세 사람이 찾아와서 장시간 동안 토론을 했다. 그때 엘리후는 욥기 35장 9-10절에 "사람은 학대가 많으므로 부르짖으며 군주들의 힘에 눌려 소리치나 나를 지으신 하나님은 어디 계시냐고 하며 밤에 노래를 주시는 자가 어디 계시냐고 말하는 자가 없구나"라고 말했다.

하나님은 밤중에 노래하게 하시는 하나님이시며 동시에 우리를 연단하시되 지혜를 주시는 하나님이시라는 것을 이야기하고 있다.
왜 하나님께서는 인간이 싫어하는 고난과 환난의 밤을 주시는가?

인생의 밤은 하나님의 사람을 만드시는 최상의 방법이다.
모든 사람의 궁극적인 목적은 동일하게 하나님의 영광을 위하여 살아야 되는 것이다. 그러나 개개인에게 이 사실을 적용시키면 각 삶에게 요구하시는 하나님의 목적이 다르다는 것을 알 수 있다. 각 사람을 향한 하나님의 최상의 목적이 있다.
그 목적을 달성하기 위하여 사용하시는 최상의 수단 중의 하나가 밤이다. 하나님은 우리가 원치 않아도 불행의 밤을 주시며 사망의 음침한 골짜기를 걸어가게 만드신다. 어떤 때는 만사가 끝난 것같이 생각되는 최악의 밑바닥까지 떨어지도록 내버려 두실 때가 있다. 하나님은 이 무서운 사망의 골짜기를 인간에게 주셔서 자신이 우리를 위하여 세우신 목적을 달성하시는 데 적용하시는 최상의 방법으로 사용하신다.
성경 속에는 하나님의 손에 바로 쓰임을 받는 인물치고 인생의 밤을 통과하지 않은 사람이 없다. 요셉은 옥중에서 인생의 밤을 만났고, 모세는 광야에서 밤을, 바울도 옥중과 생명의 위협을 받는 인생의 밤을 만난 사람이었다. 하나님께서는 역사의 자국을 깊게 남기기 위해 큰 그릇으로 사용된 하나님의 일꾼마다 깊은 밤을 통과하게 하셨다.
깊은 인생의 밤을 만난 분이 있는가? 실망하거나 낙심하지 말라.

여러분을 크게 쓰시기 위한 시초인 줄 알고 소망을 가지라. 사람은 밤을 통과하지 않으면 제대로 만들어지지 않는 기질이 있다.

그래서 하나님은 밤을 중요하게 다루신다. 하나님께서 우리를 죄에서 구원하시는 방법이 밤이라는 방법이었다. 골고다를 향하는 잔인하고도 무서운 저 십자가의 길은 예수님에게는 그것이 인생의 밤이었다. 너무나 견딜 수 없는 고난의 길이었다.

우리를 죄에서 구원하시는 방법이 밤이라는 고난이었다면, 한평생을 세상에서 살아야 할 우리를 하나님이 세우신 최상의 목적에 합당한 존재로 만드는 데 선택하신 방법 역시 밤이라는 사실은 조금도 이상할 것이 없다. 왜냐하면 하나님의 자녀가 되기 위해서는 밤은 필수적인 요건이기 때문이다.

하나님은 밤중에도 노래하게 하시는 하나님이시다(10절).

밤중에 부르는 노래는 낮에 부르는 노래와는 다르다. 만물은 고요 속에서 침묵하며 보이는 것은 아무것도 없는 칠흑 같은 어두움, 그리고 나에게 남는 것은 처연한 외로움, 그리고 또 하나 남은 것이 있다면 처절한 실패와 눈물뿐이다.

이 속에서 침묵을 깨고 감사와 감격의 눈물로 하나님을 노래하자. 밤을 만난 인간은 자기 힘으로는 노래할 수가 없다. 하나님께서 그의 자녀로 그 밤에 노래하게 하신다. 눈물의 감격과 감사는 이른바 밤중에만 이루어질 수 있는 것이다.

그러므로 인생의 밤이 왔을 때 노래하자. 밤은 잠깐 지나가고 찬란한 태양이 떠오르는 아침이 밝아올 것이다. 이와 같은 놀라운 밤중의 노래가 우리 안에 있기를 바란다.

58. 새로운 출발의 사람

갑신년 한 해도 역사의 뒤안길로 저물어 갔다. 지난 한 해를 돌이켜보면 정치·경제·사회·문화적으로 많은 갈등과 변화를 가져왔다.

정치적으로 여야가 양보 없이 사사건건 시비와 갈등을 거듭하면서 총체적인 위기로 치달았고, 경제적으로 국민들이 엄청난 고통을 겪고 있음에도 불구하고 정부는 민생문제를 도외시하고 과거사 들추기, 국가보안법 철폐, 사립학교법 개정, 비판언론에 대한 압박 등 이념적이고 정략적인 일에만 몰두하는 경향이었다.

이로 인해 자유민주주의와 시장경제라는 정체성이 흔들리고, 대다수의 국민들이 사회적 편가르기와 나라의 앞날에 대한 걱정으로 말할 수 없는 불안과 고통을 겪어 왔다.

교계적으로도 교회 정체성이 흐려지고 대사회적 사명에 미온적이었으며, 세상의 빛과 소금의 사명을 잘 감당해야 하는데, 도리어 내부적 갈등과 진통으로 교회가 분열되고 목사파·장로파, 심지어 부

목사파 편가르기에 연연하였으며, 세상의 비웃음거리로 전락된 경우도 많았다.

그러나 묵은해는 가고 새해가 왔다. 새해를 맞는 국민과 성도들은 새로운 마음으로 새롭게 시작해야겠다.

사람들은 새것, 새로운 것을 좋아한다. 사람들도 새사람을 좋아한다. 성경은 사람을 옛사람과 새사람을 구분하고 있다.

옛사람은 죄의 사람, 첫 아담에 속한다. 새사람은 죄에서 해방받은 사람, 제2의 아담인 그리스도를 통해 새롭게 된 사람이다.

고린도후서 5장 17절에 "누구든지 그리스도 안에 있으면 새로운 피조물이라 이전 것은 지나갔으니 보라 새 것이 되었도다"라고 했다.

새로운 피조물이란 '카이네크치시스'로서 '카이비'는 '새로운 전례가 없는, 보다 나은'이라는 뜻이며, '크티시스'는 '세움·창조·피조물·창조된 것·창조된 행위' 등으로 쓰여지는데 17절에서는 도덕적·영적 의미로 쓰였다(엡 4:23).

새로운 피조물이 되기 위한 필수 조건은 그리스도 안에 있어야 하며, 그리스도를 믿음으로 말미암아 그리스도와 연합하고 교제하며 연결되어 있으며, 그리스도의 사랑의 줄로 연결되어 있는 것이다.

무엇을 새롭게 하여 새해를 새롭게 시작해야 할까?

마음을 새롭게 하여 새롭게 시작하자(고후 5:17).
"누구든지 그리스도 안에 있으면 새로운 피조물이라 이전 것은 지나갔으니 보라 새 것이 되었도다."

마음을 새롭게 한다는 것은 새로운 피조물이 되는 것이다. 그리스도 안에 있는 사람은 근본이 바뀐 사람이며 소속 및 신분이 바뀐 사람이다. 하나님과의 관계에서 새로움은 개선·변화·중생으로, 즉 화목으로 표현될 수 있다. 마음을 새롭게 하는 것은 새마음을 가진다는 뜻이며 그리스도 안에서 모든 사람과 화목을 유지하며 하나님과 평화의 관계를 유지한다.

새해를 맞아 마음을 새롭게 함으로 새롭게 시작하자. 새마음은 물과 성령으로 거듭난 사람이요 심령으로 새롭게 된 사람이며, 그리스도와 연합하여 일체가 된 온전한 그리스도인을 의미한다.

새로운 피조물들은 그리스도의 은혜로 말미암아 죄와 사망의 법에서 해방된 자들이다. 마음을 새롭게 한 자들은 외모로 판단하거나 표리부동하게 교제하지 않는다. 사리사욕이나 이기적인 탐욕으로 사람을 대하지도 않는다. 실로 그리스도인은 이제까지 자기중심적 생활에서 전환하여 그리스도 중심의 생활을 함으로 성령의 열매 맺는 삶을 살게 된다. 새해도 마음을 새롭게 하여 시작하면서 성령의 열매 맺는 삶이 되기를 바란다.

직책을 중요시하여 새롭게 시작하자(고후 5:18).

"우리에게 화목하게 하는 직분을 주셨으니"(18절)라고 했다. 하나님께서 우리와의 화목을 위한 도구로 그리스도를 주셨다고 했다. 인류가 하나님과 화목할 수 있는 유일한 통로는 그리스도뿐이다.

그리스도로 말미암아 우리가 하나님과 화목하게 되었는데 화목의 결과는 참으로 놀랍다. 하나님과 화목한 사람들은 하나님의 자녀가 되는 권세를 얻었으며, 그분의 모든 약속과 축복에 참여할 수 있는 특권을 부여받았다. 하나님은 자기와 화목한 자들을 아시며 깊은 관심을 가지고 그들의 길을 인도해 주신다.

우리 그리스도인에게 주신 직책은 화목케 하는 직책을 주셨다. 우리는 사회 속에서 더불어 살아가는 존재이다. 대인관계에서 화목의 직책을 잘 감당해야 한다. 그래야 그리스도인 된 직책을 바로 하는 것이다. '화목'이란 '함께 교환한다'는 뜻으로 서로의 부채를 교환함으로 적의가 사라짐을 가리킨다. 하나님께서 이 땅에 그리스도를 보내심으로 먼저 우리에게 화해의 손을 내미신 것처럼, 내가 먼저 화해의 직책을 감당해야 한다.

화해의 방법은 십자가요 희생의 삶이다. 그리스도인은 화목케 하는 직책을 받았다. 금년 한 해도 주님께 받은 '화목케 하는 직책'을 새롭게 하여 사회공동체 속에서 화목케 하는 직분을 감당함으로 살기 좋은 세상, 아름다운 세상을 만들어 가는 선한 사마리아 사람 같은 직책을 다할 수 있기를 바란다.

사명을 새롭게 하여 시작하자(고후 5:20).

"그러므로 우리가 그리스도를 대신하여 사신이 되어"

신학자 폴 틸리히는 그리스도 안에 있으면 새로운 존재라고 하였다. 그리스도와의 영적 일치를 이루고 중생한 사람으로 자기 중심에서 그리스도 중심의 생활로 변화되는 것이라 하였다. 그리스도 중심의 사람은 그리스도의 사신이라고 부른다. 고린도후서 5장 20절에서 우리가 그리스도를 대신하여 사신이 되었다고 했다.

그리스도의 사신에게 주신 사명은 선교이다. 우리에게 주신 지상명령인 '땅끝까지 이르러 그리스도의 증인 되라' 하신 선교사명을 새롭게 하여 더욱 열심히 전도하고 선교하는 일에 힘써야 하겠다.

우리 그리스도인들은 복음에 빚진 자요 그리스도 안에서 새로운 피조물 된 우리는 주님의 지상명령을 수행하는 복음의 전권대사의 직분을 다하기 위해 새롭게 시작하자.

화해의 제물로 십자가에서 죽으신 예수님의 삶을 본받아 선교사명을 다하기 위해 새롭게 시작하자.

복음전파의 사명은 사람들을 회개와 구원으로 인도하는 능력을 지니고 있기 때문에, 교회와 성도들이 힘써야 할 과제는 복음을 온 세계에 전파하는 일이다.

열심을 품고 복음전도 사명을 다하기 위해 새롭게 시작하자. 그리하여 그리스도의 나라와 하나님의 통치의 나라가 확장되게 하자.

2005년을 맞는 우리는 마음을 새롭게 하여 세상 속에서 그리스도인의 화목케 하는 직책을 잘 감당하며, 지상명령으로 주신 땅끝까지 이르러 복음의 증인 되라 하신 선교의 사명을 다하는 성도와 교회 되기를 축원한다.

59. 믿음의 사람

새해가 밝았다. 새해가 되면 모든 사람들이 새로운 마음과 새로운 각오와 결심으로 새해를 시작한다. 우리 믿는 성도들도 믿음으로 새롭게 시작해야 하겠다.

한 해가 가고 새해를 맞을 때 시간이 사람들을 새롭게 하는 것은 아니다.

세월은 흘러가면 갈수록 겉사람을 후패하게 만드는 것이다. 속사람이 새로워지는 것은 말씀 안에서 믿음으로 살 때만 새로워지는 것이다. 2002년 한 해도 풍성한 은혜와 축복을 거두기 위해서 무엇보다 믿음으로 새롭게 시작해야 한다.

믿음은 하나님을 기쁘시게 하는 것이다. 또 하나님은 믿음으로 나아가는 자에게 상 주시는 분이시다. 우리의 삶에 있어서 시작이 참으로 중요한데, 이 한 해를 믿음으로 출발할 때 주님의 역사가 날마다 날마다 나타날 것이다.

믿음으로 새롭게 사는 삶은 어떤 삶일까?

보이지 않는 것을 바라고 믿는 소망 가운데 사는 것이다.

새해의 앞길은 미지의 세계이다. 어떤 일이 일어날지, 삶의 변화가 어떻게 전개될지 예측불허의 상황 속에서 살아가는 것이다.

그러나 믿음으로 사는 사람들은 보이지 않는 것을 바라고 믿는 소망 가운데 살아간다. 하나님이 보호하시고 인도하시며 축복해 주실 것을 믿는 소망 속에서 살아간다. 성도의 삶은 전능하신 하나님께 소망을 두고 소망 중에 즐거워하며 살아야 한다(롬 12:12).

로마서 15장 13절에 "소망의 하나님이 모든 기쁨과 평강을 믿음 안에서 너희에게 충만하게 하사 성령의 능력으로 소망이 넘치게 하시기를 원하노라"고 했다. 하나님께 소망을 두고 사는 자에게는 믿음 안에서, 성령의 능력으로 소망이 넘치는 삶을 살게 하신다.

금년 한 해도 우리는 믿음의 눈으로 행복한 우리 가정, 건강한 가족들, 회복되고 축복이 넘치는 교회들을 바라보자. 평화롭고 번영하는 미래의 우리 민족을 바라보는 그 모습 그대로 우리에게 이루어 주실 것이다. 믿음으로 바라보는 소망이 이루어지는 그날까지 소망 중에 즐거워하며 환난 중에 참으며 기도에 항상 힘써서 사는 성도들이 다 되시기를 바란다.

하나님이 함께하심을 믿는 믿음으로 사는 것이다.

한 해를 사는 동안에 많은 일들이 일어나게 된다. 잘되는 일도 있고 잘못되는 경우도 있다. 금년 한 해도 우리의 삶과 사업을 방해하고 가로막는 문제들도 있을 것이다. 이런 모든 일들을 믿음으로 해결해야 한다.

우리는 누구나 문제를 가지고 있다. 어떤 문제나 사건을 가지고 있지 않은 가정이나 사업장은 없을 것이다. 그런데 사람들은 자기 앞에 있는 문제를 사람의 도움이나 세상의 방법으로 풀려고 한다. 그러나 믿는 성도는 하나님이 함께하심을 믿는 믿음으로 나아갈 때 모든 문제가 해결될 것이다.

성경에서 보면 가나안을 향하여 나아가는 이스라엘 앞에는 여리고성이 자리잡고 있다. 이 여리고성을 지나치지 않고는 가나안을 정복할 수 없을 것이다. 그런데 여호수아는 여리고성을 무너뜨리는 데 사람의 지혜와 세상의 방법을 동원하지 않았다.

하나님의 방법으로 이 성을 완전히 무너뜨리고 정복하였다. 하나님은 여호수아에게 성을 6일 동안 매일 한 번씩 돌라고 하셨다. 그리고 일곱째 날에는 일곱 번을 돌고 양각나팔을 불 때 백성은 외치라고 하셨다.

여리고성을 돌고 있는 이스라엘 백성의 선두에는 양각나팔을 잡은 제사장과 법궤가 있었다. 이 하나님의 언약궤 속에는 언약의 두 돌판과 만나와 아론의 싹 난 지팡이가 있다. 이 언약궤는 성부·성자·성령의 하나님을 상징하는 것이다.

여호수아의 신앙은 하나님이 함께하신다는 믿음이다. 지금 우리에게 하나님의 말씀이 있고, 또 하나님은 성령으로 우리에게 임재하신다. 우리가 여호수아처럼 하나님이 우리와 함께하심을 믿을 때, 우리의 삶과 생활을 방해하는 모든 문제는 사라지고 승리의 삶을 살게 될 것이다.

하나님을 기쁘시게 하는 믿음으로 상을 받도록 사는 것이다.

히브리서 기자는 믿음이 없이는 하나님을 기쁘시게 하지 못한다고 했다. 하나님을 기쁘시게 하지 못한 사람과 이스라엘은 저주와 멸망을 당하였다. 사실 이 세상과 우리 모습을 살펴보면 하나님이 싫어하시는 죄와 불의로 가득 차 있다.

그러나 우리가 믿음으로 나아갈 때 하나님은 우리의 믿음을 보시고 우리를 기쁘게 여기시는 것이다. 뿐만 아니라 하나님은 믿음으로 나아가는 자를 축복하시고 풍성한 상을 주시는 것이다. 세상이나 사람으로부터 주어지는 축복과 은혜는 짧고 유한하다.

그러나 하나님이 주시는 은혜와 축복은 영원하다. 이제 우리는 믿음으로 하나님을 기쁘시게 함으로 하나님이 주시는 은혜와 축복을 받아 누리도록 해야 하겠다.

하나님을 기쁘시게 하는 믿음으로 상 받는 삶을 사는 성도들이 되시기를 바란다.

히브리서 11장 6절에는 "믿음이 없이는 하나님을 기쁘시게 하지 못하나니 하나님께 나아가는 자는 반드시 그가 계신 것과 또한 그가 자기를 찾는 자들에게 상 주시는 이심을 믿어야 할지니라"고 했다.

아브라함처럼 순종하는 믿음, 욥처럼 인내하는 믿음, 다니엘처럼 절개를 지키는 믿음, 요셉처럼 시험과 유혹을 물리치는 믿음으로 하나님을 기쁘시게 하기를 바란다.

하나님을 기쁘시게 하는 믿음으로 상 받는 성도의 삶 되시기를 바란다.

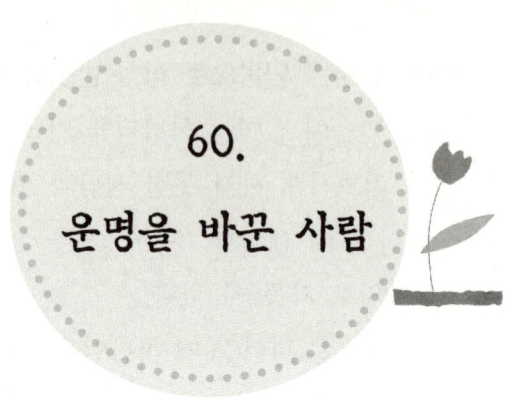

60. 운명을 바꾼 사람

사람마다 타고난 운명이 있다고 한다. 그 운명이 좋은 사람도 있고 나쁜 사람도 있다고 한다.

그러나 타고난 운명을 바꿀 수 있는 사람이 있다. 그 운명을 바꾼 사람은 예수님을 만남으로 운명이 바뀌었다.

마가복음 10장 46-52절에 나타난 바디매오는 나면서부터 소경 된 사람이었다. 생활형편도 어려워 길에 앉아서 구걸하는 것으로 생계를 잇던 어느 날, 기적 같은 일을 만나게 된다.

예수님께서 여리고에 들어가셨다. 그리고 제자들과 허다한 무리들이 함께 동행했다. 그런데 사건은 여리고를 나가시는 예수님을 길에 앉았던 바디매오가 소리 높여 찾는 데서부터 일어나게 되었다. 사람들로부터 제지를 받으면서도 예수님을 간곡하게 찾던 바디매오는 예수님께서 가까이 다가오라는 말씀을 따라 다가가서 소원을 물으시는 예수님께 보는 것이 소원이라고 주저 없이 말하고 응답을 받은 운명이 바뀐 사람이 되었다.

바디매오의 운명은 보지 못하던 사람이 볼 수 있게 바뀌었다.
① 있었으나 보지 못한 것을 비로소 보게 된 것이다.
② 가까이 있는 것도 보지 못하였던 그가 이제는 멀리 있는 삼라만상과 푸르른 하늘도 보게 되었다.
③ 눈을 뜨게 해주신 예수님을 보게 되었다.

바디매오의 운명은 앉아 있다가 예수님을 좇는 자가 되었다. 시각장애인인 바디매오는 활동이 제약받을 수밖에 없었다. 그러나 이제는 어디든 갈 수 있게 되었다.

바디매오의 운명은 더 이상 거지도 소경도 아니었다. 바디매오에게는 존재 가치의 변화가 일어났다. 더 이상 동정받거나 무시당하는 사람이 아니었다. 뿐만 아니라 남다른 간증거리를 지닌 사람으로 부러움의 대상이 된 것이다. 예전에는 바디매오를 일부러 비켜가던 사람들이 이제는 다가와 예수님께서 베푸신 기적의 일을 듣고 싶어했다. 이제는 많은 사람에게 소망을 주는 사람이 되었다. 많은 사람이 절망 가운데 희망을 갖게 되었다.

바디매오의 운명은 어떻게 해서 바뀌게 되었는가?

그는 기회를 만든 사람이었다(46).

바디매오는 예수님을 볼 수도 없었다. 예수님을 에워싸고 있는 무리들 가운데 끼지도 못했다. 예수님이 여리고에 머무르셨다가 나가실 때, 예수님께 몰려들었던 무리들은 단지 배웅하려고 허다한 무리와 함께 따라가고 있었는지 모른다. 아니면 무엇인가 얻기를 바라고 따라다녔는지 모른다. 분명한 것은 누구보다도 예수님과 가까이 있는 그들은 도움을 받을 수 있는 좋은 기회를 지니고 있는 자들이었다. 그러나 길가에 앉아 있을 수밖에 없는 바디매오는 그러한 기회조차 없는 사람이었다.

기회가 주어지지 않으면 기회를 만들어야 했다. 그래서 소리를 지르고 예수님을 불렀다. 사람들이 꾸짖을 만큼 큰 소리였다. 그러나 그는 예수님이 응답하실 만한 기도가 필요하다는 것을 알았다. 더욱 소리를 질렀다. 마침내 주님은 그를 만나주셨고 소원을 물으신 주님은 응답해 주었다.

기회를 기회인 줄 아는 것은 은혜이다. 그러나 잃어버린 기회를 후회만 하고 있다면 어리석은 사람이다. 바디매오는 주어진 기회도 누리지 못하는 사람들과는 달리 운명을 변화시킨, 기회를 만든 사람이다. 기도하는 사람은 기회를 만드는 사람이다.

들려지는 말을 내 말로 듣고 운명을 바꾼 사람이 되었다(47).

구걸을 위해 길가에 앉았다가 예수님에 대하여 듣게 되었다. 다른 사람들은 예수님이 단지 대화거리에 불과했지만 바디매오에게는 복된 소식이었다. 남의 말처럼 들려지지 않았다. 똑같은 말씀을 들었다고 같은 반응이 있는 것은 아니다. 같은 직장에 있다고 해서 동일한 현상이 있는 것은 아니다. 하나님의 말씀이 내게 하시는 말씀으로 들려질 때 비로소 하나님의 역사는 시작된다.

바디매오는 눈먼 소경이었다. 예수님을 만났을 때 "선생님이여 보기를 원하나이다"고 말을 했을 때 예수님께서 이르시되 "가라 네 믿음이 너를 구원하였느니라" 하시니 그가 곧 보게 되었다고 했다.

운명을 믿지 않고 주님을 믿는 사람이었다(52).

나면서부터 소경인 바디매오는 자신의 현실을 운명처럼 받아들이도록 아버지께 배우며 자랐는지 모른다. 원망도 없고 불평도 없었다. 또한 더 이상 나아지거나 회복될 것이라는 기대도 처음부터 없었다. 그러나 어느 날 복음을 들으며 생각이 달라지기 시작했다. 운명을 믿을 것이 아니라 주님을 믿어야겠다고 생각했다. 꿈을 꾸기 시작했다. 기대하는 마음이 일어났다. 주님 만나기를 사모했다. 그러던 차에 예수님이 여리고에 찾아오신 것이다. 그러니 사력을 다하여 주님을 부르며 찾을 이유가 있었다. 타고난 운명을 인정하지 않고 주님의 능력을 인정했다.

마침내 만나주신 주님은 "네 믿음이 너를 구원하였다"고 말씀하셨다. 주님을 믿으면 타고난 운명을 변화시킬 수 있다.

바디매오는 자신에게 주어진 기회를 최대한 선용한 사람이요, 예수님께서 하신 말씀을 내 말씀으로 받아들였고, 운명까지도 믿음으로 도전함으로써 바꾸는 믿음이 있는 사람이다. 그래서 눈은 밝히 보게 되었으며 간증거리를 지닌 자로 뭇 사람의 부러움을 받게 되었고, 운명을 바꾼 사람이 되었다.

매력 있는 사람

지은이 : 최정성
초판일 : 2014년 10월 7일

펴낸이 : 최송구
펴낸곳 : 도서출판 나도엠
http://www.nadoem.co.kr
주소 : 서울시 은평구 역촌동 68-33호 2층
전화 : 02) 373-5650, 010-2771-5650

등록번호 : 제8-237호
등록일자 : 1998. 2. 25
편집·제작 책임 : 김이리

값 : 10,000원

저자와의 협약하에 인지를 생략합니다.
ISBN 978-89-94472-25-6 03230